# 九十六年なんて、あっと言う間でございます

―高松宮宣仁親王妃喜久子殿下との思い出―

岩崎 藤子

雄山閣

高松宮宣仁親王妃喜久子殿下

平成１３年１２月４日　卒寿御祝のレセプションにて
妃殿下に花束を贈呈する著者岩崎藤子

女子学習院の見学（遠足）にて
左より、妃殿下、岩崎、北白川宮美年子様

御成婚を間近に控えた頃、女子学習院級友との記念写真
（於華族会館）

当時では珍しかった航空機を利用した「なでしこ会」
タラップ上に妃殿下、右より３人めが岩崎（昭和３２年１１月）

色紙を書かれる妃殿下
（昭和六十三年）

あたたかく
やさしき母を
うばひたる
癌とたゝかはむ
命のかぎり

昭和５３年御歌会始の勅題「母」に対し詠進されたお歌の御直筆

御作品（妃殿下の画集より）

昭和五十五年御歌会始の勅題
「櫻」に詠進されたお歌

鴨あそぶ堀にしだれて櫻さく
津軽の城は春深くして

高松宮両殿下の御供で
志賀高原の駅長室にて

ミシンを使われる妃殿下
左が岩崎

御殿を訪問した歌舞伎俳優
六世中村歌右衛門丈と妃殿下
（後列は中村梅玉丈と後藤貞子様）

「高松宮妃癌研究基金」学術賞授賞式に
御臨席の妃殿下と和田武雄元理事長

「なでしこ会」にて、長年妃殿下の通訳を
つとめられた同級生の山本真規子様と

菊花香る御殿のお玄関

お庭をご散策の妃殿下

お居間でおくつろぎの妃殿下
（いずれも平成3年頃）

高松宮妃癌研究基金発行『ＣＡＮＣＥＲ №２８』
創立３０周年記念号のため御殿での座談会
杉村隆学術委員長、妃殿下、岩崎（平成１０年３月）

高松宮妃癌研究基金総裁 寬仁親王殿下と
末舛惠一理事長、廣澤眞信常務理事、岩崎
**（右頁のお居間を再現したメモリアルコーナーにて）**

「高松宮妃癌研究基金」
学術賞等贈呈式にて
総裁寛仁親王殿下より
お言葉を賜る

レセプションに御臨席の
常陸宮殿下を
お迎えになる妃殿下

国際シンポジウムに参加の学者の
方々へ妃殿下よりの記念品を贈呈する
末舛恵一理事長

昭和55年、北海道メジロ牧場御視察の折両殿下が御手植えになった木の現在の姿とその記念板

## 斂葬の儀
（平成16年12月26日）

御殿をお出ましになる御霊車

喪主寛仁親王殿下が玉串を捧げられる

高松宮御墓所
（東京・豊島岡皇族墓地）

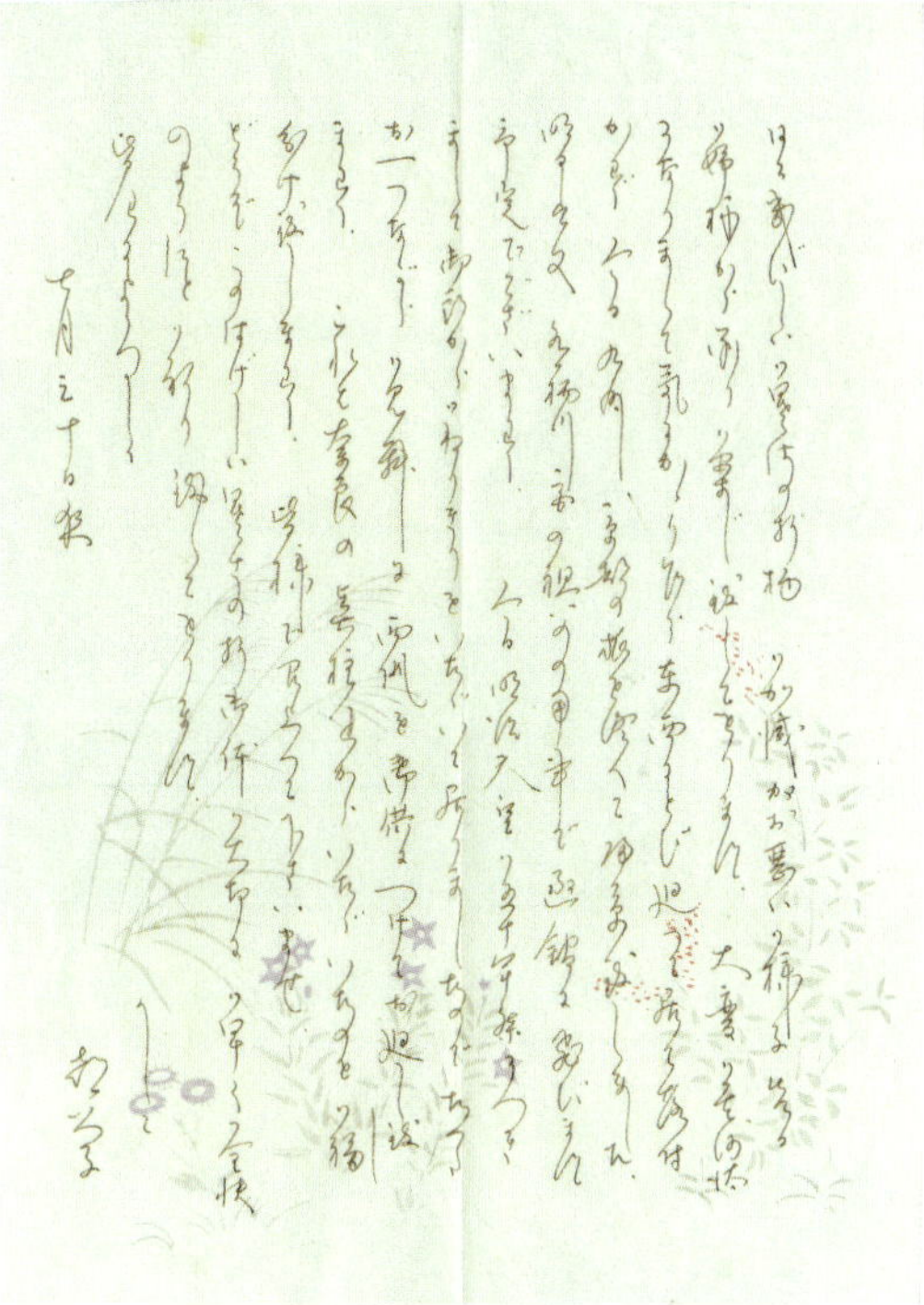

妃殿下より頂戴した御直筆のお手紙

妃殿下が御薨去あそばれた二ヵ月後の学術賞授賞式にて御写真に献花申し上げる岩崎（平成17年2月）

平成１５年春「勲四等瑞宝章」を賜り、長男岩崎伸道と

妃殿下を「偲ぶ会」の方達とメモリアルコーナーにて
（平成１９年１０月）

# 『九十六年なんて、あっと言う間でございます
## ―高松宮宣仁親王妃喜久子殿下との思い出―』の刊行に寄せて

寛仁親王

岩崎藤子嫗が〝4／5世紀物語〟を上梓するとの報に接し、九十七年目を迎える女史の偉大なる足跡が、記録として残るという事は誠に嬉しく喜びに堪えません。薨去遊ばされた、故高松宮妃喜久子殿下（以下伯母様と略す）も豊島岡の泉下で、どれ程のお喜びかが目に浮かぶ様であります。

多分、伯母様の事ですから、「藤子さん、長年に亙って良く付いて来てくれたわねえ！私一人じゃ出来ない事ばっかりだったのだから、本当に親身に支えて下さって感謝しているわよ！」と仰せになっておられるでしょう。

伯母様と藤子女史は、学習院初等科二年生からのお付き合いだそうですから、九十年

間の変わらぬ友情と信頼を合わせ持った稀有な、「親友」の関係にあったということになります。

しかもお二人共明治生まれでいらっしゃいますから、「親友」と言っても、皇族にお上がりになられた、「伯母様」と、臣下の立場で、「岩崎藤子」としてのけじめを持ちつつあれだけの親近感を持ち続けられた事は、我々から見ても、特筆大書すべき麗しい交友関係であったと言えます。

扨、財団法人高松宮妃癌研究基金は昭和四十三年に発足しましたが、他の法人と比較して特殊なポイントが、幾つかあります。

まずこの法人は、学習院初等科以来の伯母様の同窓生達（なでしこ会）による昭和二十八年からの社会貢献活動から始まりました。伯母様方がなさった事業は数多《あまた》ありますが、四十年代に入り癌基金設立のメドが立ってから、集中的に基本財産募集が始まりました。つまり、学習院のＯＧ達のヴォランティア・スピリットにその源があったのです。

二つ目は、伯母様が、御母上を癌で亡くされたという痛烈なお悲しみが、伯母様をして癌基金設立に駆り立てた、一番大きな原動力であろうかと思います。

三つ目は、伯母様（伯父様共々のと言うべきかもしれませんが）の全国区に於ける人脈の広さだったと思います。設立の頃、私はまだ大学生でしたが、スキー部の主将として合宿や各種大会に参加する度に、スキー関係者はもとより、観光協会・商工会・旅館組合そして勿論、地元の名士達（首長さん達の意）迄が、ヒソヒソと、「おい！　高松宮妃癌基金の主旨書読んだか？」「もう払い込んだのか？」「どの位出せばいいんだべ？」と言った会話を至る所でしていたのを小耳にはさみ、驚くと共に、伯父様伯母様の人脈の果てしない広さというものに仰天したものです。

この両殿下の底知れぬお力があったからこそ当時では、途方も無い額の基本財産が造られ、現在は様々な経済情勢の問題もあって毎年募金しなければなりませんが、ある時迄は、多分日本で唯一の、「基本財産から生ずる年間の果実」のみで、一年間の総事業を賄なうという財団の鏡とも言うべき実績を残す事が出来ました。

この事実が、現在の私の仕事に大いに役立ち両殿下に負けるものかと日本中に、人脈を張りめぐらす努力をしていますので、今では異端の皇族として、〝金集めのプロ〟と呼ばれる様になりました。

岩崎の媼の話に戻りますが、女史の文章をななめに速読してみましたが、私の世代迄は、腹の底までじんわりと来る〝古き良き時代の皇族妃とその同級生〟の実に心温まる付き合いの仕方……、つまり、くつろいでいる時は初等科時代の両人共に戻って、子供の様にじゃれ合っているのだけれど、そこに一人でも他人が入っている時は、ピシャリとけじめが付いて、臣藤子の語り口に自然と変化し、周囲にそれをさとらせない絶妙な会話が成立しているという、学習院の良き時代に学んだ者しか出来ない、素晴らしい、「主従」でありながら、「親友」でもあるという極上の生き様が、全編に流れている事に感心します。

故秩父伯母様と故麻生和子（私の義母）・私の母と杉山淑子女史（元豊年製油社長夫人・元家裁調停員）のカップルと甲乙つけ難いですが、「仕事も共にした」という意味に於て、伯母様と藤子女史の付き合いが最も濃厚だった様な気がします。多分この様に良き友情を持ちつつ、主従が共に助けあって生きて行ったというモデルは、〝伯母様と藤子嫗〟を持って最後だと思うと、それが、本当に残念でなりません。

# 目次

# 第一章　女子学習院の頃

## 「お遊びしましょう」

高松宮宣仁親王妃喜久子《たかまつのみやのぶひとしんのうひきくこ》殿下に初めてお目に掛かりましたのは、大正八年の女子学習院のお教室でございますから、今から九十年も昔のことでございます。

私は幼稚園から尋常小学校一年までは雙葉に通っておりましたが、大正七年に学習院の女学部が永田町から校舎を移転し独立しまして、名称も女子学習院と改められ、青山北町三丁目に開校することになりましたので、私も受験しまして二年生から入りました。と申しますのは、母は女子学習院の前身の華族女学校の第七回の卒業生でございましたので、他の二人の雙葉の同級生とともに、やはり母親同士が親友でありましたことから、相談の上で途中から転校したのでございます。

そうした次第で、幼い私は、初めて入るお教室に戸惑いながら、担任の先生から同級生に御紹介をしていただき、子供ながらも緊張しました最初の授業が済みまして、お休み時間になりましたとき、

「お遊びしましょう」

と、先ず最初に私の手をお取りいただきましたのが徳川喜久子さん、つまり後の高松宮妃殿下でございました。

これが御縁のはじめとなり、以来九十年余りもお親しくさせていただきましたことはじつに有難く、また何か不思議な気がするのでございます。

当時の思い出と申しましては、まだ頑是ない頃でございますから、徳川さんは朱塗りの三重の御弁当をお持ちになっていらっしゃいましたが、こどもでございますね、うらやましく存じましたくらいで、今の時代とは違いまして、まことに他愛のない、無邪気な少女時代だったように振り返ります。

徳川喜久子さんと私は明治四十四年の生れで、背丈も目方もほとんど同じ、これは晩年までずっと変わりませんでした。体操のときなどに順番に並びますと、毎年、私が八番目で、徳川さんは九番目か十番目、ただしビリケン頭でいらっしゃいましたので、身長測定で顎をぐっとお引きになると、すぐに目盛が二センチくらいは高くなりますから、

「おずるい、徳川さん、まっすぐにあそばせよ」などと、今から思いますと勿体ないことながら、当時はお友達甲斐に遠慮のないことを申しまして、娘時代のことですから、

それこそ始終愉快に笑って暮らして参りました。

本当に、いつでも御一緒で、合併教室と申します二人掛けの机のときも必ず並びまして、理科の実験で蛙の解剖などのときには、気味悪がってメスを使うことができない私に、藤子さん、足を押さえて、なんて御指示あそばすあたりは、さすがに最後の征夷大将軍の御孫様らしい、お勇ましさでございました。

今さら申すまでもなく、高松宮妃殿下の御実家《おさと》は徳川慶久公爵家でございまして、有栖川宮家から降嫁あそばした実枝子様がお母《たあ》様でいらっしゃるという、まさに公武両統の名家の結びつきにより御誕生の、才長けてお美しい姫君でございました。

喜久子というお名前は、お祖父様の慶喜公、お父様の慶久公からそれぞれ一字を取って祝われましたもので、そうしたお慈しみの中で伸び伸びとお育ちあそばしました徳川さんは、お姫さまとは言え、まことに快活で、小日向第六天町《こびなただいろくてんちょう》の徳川邸に遊びに伺いますと、結構、お転婆さんなところもおありになりまして、木登りがお得意で、私にも登れ〳〵と仰いますから、恐々と、お庭の木に抱きつきましたものの、落ちて尻餅を搗きますと、手を打ってお喜びになりました、何しろ広いお庭でございましたから、家の

ご誕生より７ヵ月頃の妃殿下(徳川喜久子様)　(写真は明治45年7月)

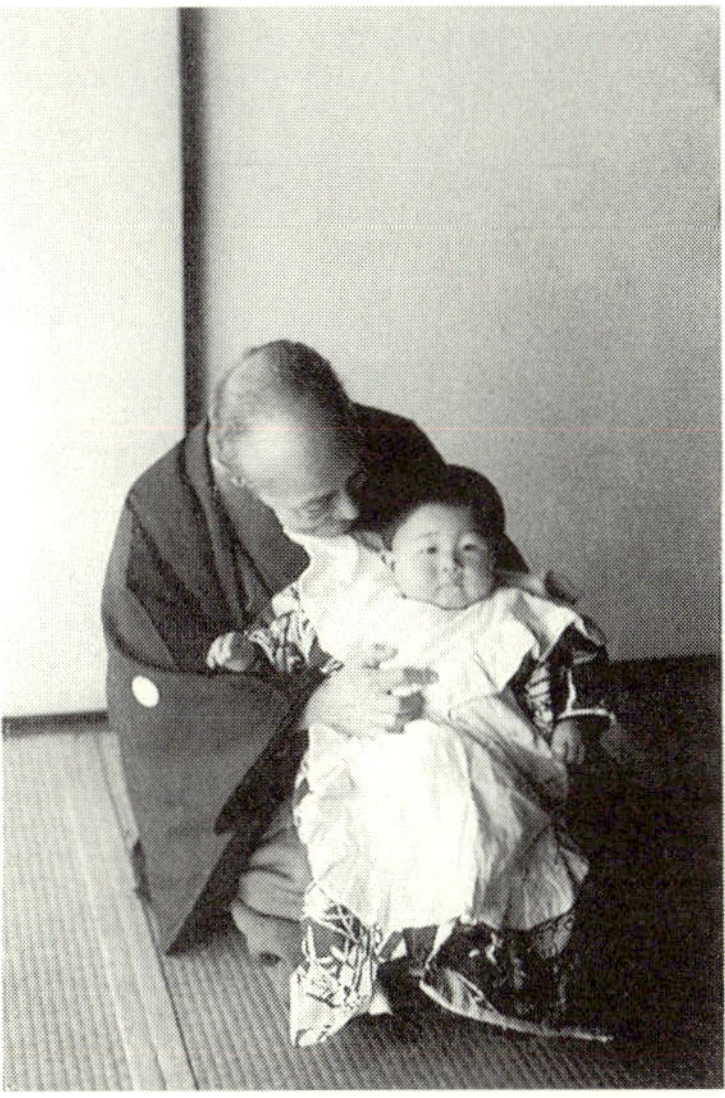

ご祖父徳川慶喜公のお膝に
（大正２年２月）

ご両親徳川慶久公、実枝子様と
（大正２年１０月）

御母君と

髪置祝いを迎えられて
（大正２年１１月）

ご祖母有栖川宮妃慰子様と葉山一色海岸にて

外では許されない自転車にお乗りになるなど、当時の徳川さんの明るく輝くような笑顔が、九十年を経た今でも、じつに昨日のことのように思い返されます。

慶喜公がお住いになりました第六天町の御屋敷は小石川の高台から茗荷谷を望む、まことに見晴らしの良いお住まいでございました。

有栖川宮家から御降嫁あそばしたお母様《たあ》が「おはなし会」をしましょうと仰いまして、これはおそらく、当時小学生でいらっしゃいました弟君の慶光様の御教育の御一環だったと今になれば思いますが、お庭に面した十畳のお部屋にテーブルをお据えになり、慶光様のお友達方が二人ばかりと、私もお呼ばれして、お母様をはじめ、家令などの聞き手の前で、おはなしの内容は自分の身の周りに起こったことでも、または本で読んだお伽話でも何でもよろしいのでございます、とにかく、人前で話すというお稽古を、これはお子様方の将来のお立場をお考えになっての思召しだと存じますが、月ごとになさいましたと憶えております。

そうした思い出のひとつひとつが、今でも忘れられない思い出になっておりますが、徳川さんが長瀞だの鶴見の花月園へ遠出を遊ばす折も、家扶や家従と云ったお供の人たちが付いては参りますが、それではつまらないと仰いまして、いつも私もお誘いを受けておりましたが、長瀞の川下りの帰りに、上野の精養軒でサンドイッチを頂いたことが、外出の珍しい当時の徳川さんには余程お嬉しかったのでしょう、妃殿下におなりになった後に、あのときのサンドイッチは本当に美味しくて忘れられないわ、と懐かしんでいらっしゃいました。それを思い出しますたびに、今度、私も上野に行ってみようかしらと思うのでございますが、なおさら妃殿下が偲ばれては、却って辛いとも存じまして、なかなか遠いのでございます。

それから鶴見の花月園にもお供をしまして、今のジエットコースターのような激しいものはございません時代ですが、それでもクルクルと回る仕掛けの乗り物に、徳川さんが乗ろうよ、乗ろうよと仰いますので、恐々ながら私も同乗したこともございます。あの頃は遊園地といえば、この花月園という新橋の料理屋が経営しておりましたもののほかはございませんでしたが、それでも充分に楽しみましたものでございます。

## お教室

私が入学しました時から、それまでの小学科と中学科から成る学制が改められまして、女子学習院は小学校の四年までが前期、五年から中学の二年までが中期、中学の三年から五年までが後期となり、それから上に進みますと、ちょうど今の短期大学のような二年間の高等科があり、これには文科と理科とが置かれ、それまでの学習院女子部時代よりもさらに一貫教育を目指したわけでございましょう。

学年は南組と北組の二組、ひとクラスは二十人から三十人と憶えております。徳川さんも私も北組でございまして、席順はいろは順でございました。男子部は東組と西組だったようでございます。

お教室のお机は、木肌のきれいな桜で作った頑丈な一人掛けでございまして、これは生徒の健康に影響を及ぼすのは机の寸法であると考えた明治の頃の院長先生が、医学博士に相談なさりながら、東京工業大学に依嘱なさって出来た学習院自慢の机とうかがっておりました。前期、中期、後期で十一年間ですから、お机の寸法も十一種類がございまして、生徒それぞれの身体の発育に応じたものが用意されておりました。ですから、姿勢も自然と正しく保つことが出来まして、お行儀が良くなるのはもちろん、眩暈や近視の予防も考えられていたようでございます。

当時の科目につきましては、私はぼんやりで、記憶もおぼろげでございますので、手元の控えを見ましたところ、修身・国語並びに国文・外国語（英語又は仏語）・歴史・地理・理科並びに生物並びに物理及び化学・数学・家政・教育・手芸並びに絵画・裁縫・習字・音楽・体操・心理・美術概説・本邦諸礼及び西洋諸礼・刺繍・国画並びに西洋画・声楽及び器楽・割烹・花道・茶道と書いてございます。

修身の時間は、週に一度でございました。先ず御勅語を皆で朗読して、そのあとに先生からお話がございましたが、例の二宮金次郎が薪を背負って、夜は縄を綯うというような、結局、道徳教育でございますね、あれを私たちは勿論、宮様方もお聞きになりました。今の小学校には、こうした授業がございませんそうですが、じつに惜しいと思います。子どものうちは、ああしたおはなしが自然と染み透って良いんですのに。

お作法の時間は専用の、破風造りの御殿様式の別棟がございましたが、あれは永田町から移築した校舎だったそうでございます。

英語と仏語はどちらかを選択いたしまして、読本は日本人の先生でしたが、会話は外国人の先生で、英語はミス・ランサムという女性でございました。

後期三年になりますと、お割烹の科目がございまして、和久井先生と松本先生がそれぞれ洋食と和食の根本から教えていただきまして、それこそ煮炊きはもちろん、洗いものから後片付けまで、何でも致しましたの。宮様方も同じことをあそばしました。おこげを作って、皆でおにぎりを頂くのが楽しみだったことが、微笑ましく思い出されます。

とにかく学生時代は良い思い出ばかりで。いたずらも致しましたよ。

当時の先生方は、担任は女性でしたが、授業は男の先生が多く、わりあいと若い、それこそ帝国大学を出たばかりという方が多いようでございました。そうして詰襟の制服をお召しになり、女の先生は紫紺ですとか鼠の無地の紬にお袴で、今から考えますとどなたも威厳がございましたね。当時の先生は、お若くていらしても、自然に先生と御尊敬申し上げたくなる方ばかりでしたが、今は先生のほうが生徒よりもお可愛いんでございますってね。ちょっと、私などの時代の者には考えられませんが。

その頃を思い出しますと、友納先生とおっしゃいましたか、なんでも大学を出たばかりの若い先生が、たいへんに人気がお有りになり、誰それさんがお熱《ねつ》〳〵などと騒いでおりましたが、今考えますと、どうしてあんなに騒いだかと可笑しいようでございます。当時は少女小説なども、もちろん、学校へ持って行くのは禁止でございましたが、家に帰りますと友達と貸し借りをいたしなどしまして、竹久夢二や高畠華宵の挿絵の入ったものを盛んに読んでおりましたから、そのような影響もあったのでしょうかしら、それでも、今から考えれば、随分と他愛のない内容でございましたね。

## 有栖川御流

徳川さんはどの科目もお出来になりましたが、ことに国文学がお得意で、お謡いがお上手な佐成謙太郎先生がお好きのようにお見受けしておりましたが、ことに御歌が優れていらっしゃいまして、尾上柴舟先生の御歌の授業を御熱心にお受けあそばしました。

それでも尾上先生のお習字の授業はお抜けになりまして、別のお教室で浜八百彦先生にお絵をお習いでございました。

これにつきましては、有栖川宮第五代職仁《よりひと》親王様が宸翰様をもとにおはじめになりました有栖川御流という書道をお引き継ぎでいらしたのが、徳川さんのお母《たあ》様の実枝子様おひとりでございましたから、同級生たちも不思議とも何とも思わず、お習字のお時間だから、徳川さんはあちらよね、なんて思っておりましたが、後から思いますと、実枝子様の兄宮様であそばします栽仁《たねひと》王殿下が若くして薨去なさいまして、断絶の御心配もございました有栖川宮の御祭祀をお引継ぎ遊ばしました高松宮家に将来お上がりになるための、特別なおはからいであったと存じます。

後に高松宮妃殿下とおなりになりましてからも、この有栖川御流を熱心にあそばしましたので、今上陛下の思召しをお受けになりまして、秋篠宮文仁親王殿下に御伝授あそばされ、また常陸宮正仁親王妃華子殿下にも、こちらは香淳皇后様からの思召しにより、お手ほどきから、長いことお伝えあそばしておいでででございました。

色紙や短冊は京都の青春堂からお取り寄せで、私もお使いに参りましたことがございますが、お筆は有名な藤野雲平先生のお作で、代々、皇室の書道の師範をおつとめであった有栖川御流にはことのほかの思い入れをお持ちあそばしましたから、みなさま御承知の、素晴らしい御手跡でお詠みになります御歌など、もう、ちょっと他では拝見できませんような、素晴らしいものでございました。

お絵も御堪能で、女子学習院を御卒業のおりには、気品の漂う大和絵で光明皇后をお描きになりましたし、御成婚後も八木岡春山画伯を御殿にお呼びになりましてお稽古あそばし、戦後も児玉希望、川合玉堂、前田青邨などの画伯をご指導役に、秩父宮雍仁《やすひと》親王妃勢津子殿下と御一緒に、葉山の御用邸などで彩管をお振るいあそばされました。

お花もお好みで、日本いけばな芸術協会の名誉総裁をおつとめになりましたが、御自身では山村御流がお好きであそばしました。こちらのお家元は大和三門跡の一つとして格式の高い普門山円照寺でございまして、自然の姿を大切になさいます、まことに渋いお流儀で、つねからお慈しみになるお庭の花々を、心のままにお生けあそばしては、御殿のお居間でお楽しみになりました。

## 姫宮様

その頃の女子学習院の外国語の科目は、英語と仏語とのどちらかを受けますのですが、徳川さんも私も英語を選びまして、それこそ、何でも御一緒にさせていただきましたが、もうお一方、いつもお仲良しでございましたのが北白川宮美年子女王殿下《きたしらかわのみやみねこ》、その頃の私たちが美年宮様《みねみや》と親しくお呼びしておりました姫宮様でございました。

私たちのクラスにはこの美年宮様、ならびに紀久宮様《きくみや》とお呼び申しておりました朝香《あさかの》宮紀久子女王殿下《みやきくこ》というお二方の姫宮様がおいでになりました。美年宮様と紀久宮様のお母様《たあ》は、明治天皇様の内親王様であり、またお父様同士も御兄弟という、まことに貴い姫宮様でいらっしゃいましたので、このお二方に徳川喜久子姫もいらっしゃいましたから、私たちのクラスは女子学習院の中でも独特の華やかさがございました。私がそう憶えているばかりではなく、当時の先生方も他のクラスに比べて、どこか締まったところがあると仰っておりました。

それでも宮家のお姫様と申しましても、学校の中では特別の待遇はございません。

ただ、皇后陛下の行啓や何かの式典がございます時だけは、姫宮さまのお二方は、私たちの並んだ前列に特別の御椅子がございましたが、それは式典のときだけでございまして、普段の授業のおりおりには、姫宮様も私たちも何もかもご一緒で、宮家も華族も、あるいはそのどちらでもない生徒も一切、何の区別もなかったのでございます。

そして、美年宮様と徳川さんと私の三人が、なんとなく仲が良く、あの頃は手を組むのが流行っておりまして、いつも三人御一緒にお遊びをしておりました。

それで徳川さんと私の二人が選ばれまして、美年宮様のお遊びのお相手として、高輪の北白川宮邸に伺うのでございますが、鹿鳴館で有名なコンドルのお弟子が設計したと聞きます、煉瓦造りの白い枠のある、それは御立派な洋館でございました。奥の日本家屋も大階段の付いた見事な構えでございましたが、そちらへ時折、徳川さんと二人でお遊びに上がっていたのでございます。

今でもお懐かしいと存じますが、芝生のお庭が広々と、そこに小さな山がございまして、莫蓙を持って登りましては、ござおすべりが面白くて面白くて、そうして三人で御一緒に転がったりもいたしましてね、楽しい思い出でございます。

朝香宮紀久子姫様

北白川宮美年子姫様

（ともに「女子学習院五十年史」より）

お教室での休憩時間

（左より二人目）
岩崎、妃殿下、美年宮様

その美年宮様のお父様は北白川宮成久王殿下と申し上げ、たいへんに美丈夫《ハンサム》でいらっしゃいましたが、大正十二年にフランスで自動車事故にお遭いになり、四十になるやならずで薨去あそばしました。ですから美年宮様はお可哀想でございましたよ、お父様の御柩が日本へお帰りになりますのに四十日ほど掛かりましてね。そのとき御同乗あそばしていた房子殿下も重症を負われましたから、そのあとに、徳川さんと私が北白川宮家にお遊びに上がり、美年宮様のお母様《たあ》のお部屋に御挨拶に出ますと、こう、長いお裾の御洋装も古風であそばす房子殿下が、低い御椅子におみ足を、前に出してお座りになっていたお姿が子供心に印象的で、今でも忘れられません。

北白川宮様の弟宮でおいでの朝香宮鳩彦《やすひこ》王殿下、つまり紀久宮様のお父様も、その御車に御同乗あそばされ、やはり大怪我をなさいまして、朝香宮鳩彦王妃允子殿下が東京から看護のためにフランスにお渡りになり、長い間、あちらで療養なさいました間に、パリの当世風をお好みあそばしたのでしょう、御帰国後に御建てになりましたお邸は、じつにハイカラでございました。現在は、東京都が管理する庭園美術館になっておりますね。

美年宮様は後に立花家に御降嫁あそばしましたが、実にお優しくてお静かなお方でございました。御妹宮の佐和子さまは東園基文さん、多恵子さまは徳川圀禎さんへそれぞれ御降嫁されましたが、東園さんはのちに常陸宮様の御教育係りをあそばし、いかにも堂上家らしい優美な方とお見受け申しておりました。

紀久宮様は鍋島家の御本家の直泰さんへ御降嫁になりました。こちらの殿様はゴルフがお上手で有名でございました。

戦後は、お直宮《じきみや》だけになりましたが、その頃は宮家がずいぶんございましたから、女子学習院にも姫宮様がお揃いでございましたね。

## 貞明皇后様の行啓

当時の美年宮様、紀久宮様をはじめ、徳川さんも当時の女子学習院の言葉は丁寧ではございましたが、御所言葉のような昔風ではなく、母上をお母様《たあ》様とお呼びになるのが私どもとはお違いになるくらいで、あとはほとんど我々の家庭と同じでございました。

姫宮様方のお召し物も、学校では我々と全く同じでございまして、紺サージのセーラーをお召しでございました。

学習院では和服と洋服のどちらも認められておりましたが、私たちが中期の頃から、普段は洋服、和服は式典のときに紋付を着るというように統一されました。

ですから、洋服であってもそれ以前はジムドレスと申しまして、ちょうど聖心の制服のような白いブラウスの人もありましたが、私たちが中期の頃からは、揃ってセーラーを着るようになりました。半コートやセーターも黒か紺でございまして、金ボタンやブローチは禁止ですし、外套に毛皮を付けてもいけません。

帽子に規定はありませんでしたが、そう奇抜でない普通の形のものを、ベルモードで誂えておりました。

靴は黒でゴム底は駄目でございまして皮に決められておりましたし、靴下も黒の綿で、絹は認められませんでした。

もちろん、髪飾りやお化粧は禁止ですし、ハンカチは白無地で、雨傘は黒の木綿張りでございました。日傘も無地でしたね。とにかく質素を心がけるように学校から言われておりました。

それで三つ編みのおさげ、あるいはおかっぱでございました。三つ編みも、その頃は元結で結わえまして、ゴムではございませんのよ。今も日本髪には用いますね、和紙のあれで結びまして両脇に下げておりました。

今でも思い出しますのは、同級生に一條さんってお双子さんがおいでになりまして、あんまりよく似ていらっしゃいますので、元結の色をピンクと白とにめい〳〵使ってらしたので、先生も私たちも、あちらが生子さんよ、圭子さんよ、って見分けていたものでございます。

式典の時には後期以上は白衿に無地（紫）の紋服と決められ、私たちの頃からは紫の紬に統一されました。ただ制服とは言いましても、学校から型の規定がされているだけで、今のように指定店から取り寄せるわけではありませんから、それぞれの家に出入りの紺屋《そめものや》で染めますときに、同じ紫でも色が違って参ります。しかし、そこが又、こうずらりと並びますと、微妙に色が異なりまして、じつに綺麗でございましたね。

紋服の袖の丈も、華美に見えませんように、中期までは元禄袖、後期からもやかましく寸法が定められておりました。この紋付に胸高にならないように海老茶の袴を着けましたが、これは華族女学校の頃に下田歌子さんの考案によるものだと伺っておりました。なんでも腰から下に裳を付けない江戸時代以来の婦人の容儀は礼儀を欠くという下田学監のご考案により、王朝時代の緋袴と指貫とを折衷して作られたものだそうでございます。

私たちの頃には、女子学習院に貞明皇后様が折々に行啓あそばしまして、授業の御参観がございました。お出ましのときには、前期、中期、後期から高等科までの生徒全員がお庭に出まして、その紫の紋服で並んでお出迎え申しましたが、ほんとうにその時の清々しくも、壮観な眺めは忘れられません。そういう式典の時だけは、美年宮様と紀久宮様は私たちとは異なり、大玄関でお出迎えあそばします。

院長先生の御先導でお教室に入られますと、貞明様は教壇のお隣に、やや斜に据えられました御椅子から、私たち生徒の様子を御覧あそばしますので、やはり緊張いたしましたね。こうした御参観のなかで、当時の徳川さんの御様子も好ましくお眺めにあそばしたのと同じように、後に三笠宮家にお上がりになりました百合子殿下も、こうした御参観のおりに貞明様の御眼鏡にお適いになったと、微かにうかがったことがございます。

それから貞明様が行啓あそばした折には、修辞会という、これは面白い名称でございますけれども、普通の学校で申します学芸会と同じで、作文を読んだり、朗読をしたり、劇を演じます会がございました。この名称の由縁は、易経の「修辞立其誠」の格言から採ったものだと伺っております。ものごとの理が通るようにこれを修め、言葉を整えて表現することで、ただ言葉を飾って饒舌になることは慎むようにという先生からの教えがございました。これも華族女学校の頃からの催し物だったようで、随分、長いことでございますが、最初の頃は小人数の有志で行っていたものが、次第に盛んになりまして、各家庭へも招待状を出すようになり、私たちの通う女子学習院の頃には、貞明皇后様の御来臨を仰ぐこともしばしばとなったわけでございます。

その頃は音楽会と合併して行われることも御座いましたが、ある年に英語劇がございまして、美年宮様がパンドーラにおなりになって、徳川さんと私は森の精のような役に扮しまして、美年宮様がぱっと箱をお開けになりますと、森の精の私たちが驚くというような劇を致しましたことを思い出されます。劇と申しましても、扮装は致しませんで、セーラー服のままで、頭になにか被るというようなことで、ほんとうに、遠慮なく宮様方と勉強をしたり、遊んだり、腕を組んで歩いたり、式典以外は何の分け隔てもなく、今思いますと、ほんとうに夢のようでございます。

## お転婆さん

あの頃は、なにがそんなに面白いかというほど、よく笑っておりました。

それで思い出しますのは、当時の女子学習院には、よその学校のような級長というようなものは全く無く、その代わりにお当番というものがございまして、授業の前に教官室に行って、先生の御用伺いに参ります。そうすると、地図を用意しておくようにとか、小さい黒板をとかの御指示がございます。

お遊びの時間の間に、お当番は御用伺いに参りますが、美年宮様と徳川さんが、私たちは御用伺いに行くわよ、と仰って教官室に向われましたので、私、ちょっと悪戯したくなりまして、お二人の後から教官室の外側に参りまして、次の授業が国語の佐成先生であり、大玄関からすぐ入ったところのお部屋に、その先生のお机があったのを知っていましたから、廊下の外から教官室の下の掃き出し口から、そっと両手を入れまして、お二人が御用をお伺いしている時に、徳川さんのおみ足をこちょこちょと擽りまして、さっと逃げたんでございますよ。

してやったりとばかり、お教室でお二人を待っておりますと、美年宮様と徳川さんがさも可笑しそうに笑いながらお戻りになり、お駄目よ、伊集院さん、佐成先生が、足元がもぞもぞすると思ったら、頭の黒い鼠が逃げて行くよ、と仰って、窓から廊下を覗いていらしたわよ、と面白がられて……他愛ない悪戯でございますが、今になると好い思い出でございます。それ以来、頭の黒い鼠はクラスでも有名になりましたが。

学生時代の徳川さんは少し気管支系がお弱くて、いつでもお咽喉に真綿を巻いていらっしゃいましたが、駆けっこはお得意で、テニスなども御一緒に致しました。

朝の呼吸体操

前庭にての巴合戦

明治４４年頃の運動会風景

華族女学校の頃から、学習院は体育を奨励しましたようで、もっとも私たちの頃は体操の時間と申しておりましたが、構内には広い運動場が南北に二つあり、さらに雨天体操場が三つもございました。

今と違いまして、明治の頃までの婦人の体格は貧弱であったろうと思われますし、ことに華族といいますと、深窓のたとえにもありますような育ちの方が多く、健康面では問題があったと思われます。華族女学校では明治二十七年に第一回の運動会が開催されたそうでございます。

当時はまだまだ華族の女子が運動をすることに偏見がありましたようですが、細川潤次郎校長が敢然と決行なさいまして、普段から体操、つまり体育を奨励されたそうでございます。明治三十年からは春秋二回開催されるに及びまして、皇后陛下はじめ、各宮妃殿下の行啓も度重なりましたようですが、どういうわけか明治四十一年を以て一旦廃止されましたのが、私が入りました女子学習院の開校とともに、名前を体操会と改称して再び開催されるようになりました。障害物競走、綱引、混合リレーのようなお馴染みのものから、バスケットボールやキャプテンボールなどの球技もあり、またポルカカケイック、カロバテイカ、トウムツカアのようなダンスもいたしましたが、こうした種目の中でも、とくに女子学習院の名物だったのは大勢で競い合う巴合戦《ともえがっせん》でございました。

これは体操会に限らず、普段のお昼休みにも盛んにいたしましたよ。

全校生徒が広い運動場へ出まして、両方の真ん中に立てられた旗を取るという、勇ましい競技なんでございます。それぞれ三色の襷を掛けまして、白は赤を捉まえ、赤は黄色を捉まえ、黄色は白を捉まえられるというルールで、下手に捉まりますと戦死というわけです、そうしますと「お駄目よ、藤子さん」、「お駄目よ、徳川さん」って、駄目にもおの字を付けまして、今から考えますと不思議な言葉遣いですが、当時はなんとも思いませんでした。

私たちが前期の頃は、まだ制服が確定しておりませんで、和服でも洋服でもめいめいの自由でございましたから、体操のお時間は、最初の頃は袴を着けたままでございましたし、それから間もなくセーラーが制服となりましてからは、セーラーで巴合戦も、テニスも、器械体操もいたしまして、特に着替えるということはございませんでした。

このように体操会も私たちの頃から再開されましたが、修学旅行もそれまではございませんでしたが、私たちが後期三年のときに、高等科の上級生方と御一緒に関西へ旅行に参りましたのが、女子学習院でのはじめての修学旅行でございます。聖代の遺跡を訪れるという名目のもとに、奈良、京都、二見が浦という、いわゆるコースでございますね。

京都での宿泊は都ホテルでございました。これを聞いた私の兄たちは、修学旅行に都ホテルなんて贅沢だなんて言っておりましたところを見ると、学習院には修学旅行がなかったのか、宿もたいしたところでは無かったのか分りませんが、女子の場合は先生方も大事を取られたのでございましょうね。

それで面白かったのは、其の頃、学校には小使いさんと申しまして、お弁当の時間にお茶などを持って来る方達がいて、その人たちも皆連れて、五人くらいでしたか、修学旅行に付いてきてくれたのですが、ホテルで皆のお食事が済みますとね、生徒たちの空いた器を重ねて集め始めたものですから、その方達が気をお揉みの御様子が、私達も見ておりまして可笑しくて……おそらく自分たちも働かなくてはと思ったんでしょうね。

この修学旅行には徳川さんは参加あそばしませんでした。美年宮様はおいでになりましたのに、どういう理由かは分りません。

しかし遠足は、これも当時の女子学習院では見学と称していたように思いますが、これには徳川さんも毎回ご一緒でございまして、行き先は春は新宿御苑、秋は浜離宮と決まっておりました。

この遠足の時には、生徒が勝手にお菓子を持参してはならない代りに、学校が塩瀬で誂えました洋菓子が一つと和菓子が一つ、それに小さいお干菓子を詰めた箱が配られまして、それが楽しみでございました。お弁当は各自持参で、徳川さんはいつものように朱塗りの三段重ねのお弁当でしたが、私の母は自分がパンを好みましたので、父がイタリアから連れて帰りました料理番《コック》が拵えてくれますサンドイッチでございました。後年ですが、あのときのサンドイッチが羨ましかったわと仰っていらっしゃいました。その頃は両方でそう思っておりましても交換は致しませんでしたね、高学年になりますと、お互いさまに平気で致しましたけど。

## 徳川慶久公の急逝

私たちが中期に進んでまもなくの大正十一年、徳川さんのお父様である慶久公が三十九歳で急逝されました。

その前年でしたか、お父様が渡米されるので徳川さんも転校なさるというようなお話をうかがっており、御自分でも、洋行するための新しいお洋服が出来たのよ、とたいへんにお嬉しそうに仰っておりましたくらいでしたから、本当におかわいそうでなりませんでした。

慶久公は東京帝国大学の法科を御卒業後、貴族院議員として華族の中でも将来を嘱望された文武両道に長けた方で、中肉中背の端正なお父様でございました。

その慶久公がお若くして急逝なさいました時、徳川さんは数えで十二歳でございますから、その心中は如何ばかりであったかと存じますが、随分あとになって、父があのまま元気であれば、私はおそらく宮家には上がらなかったのではないかと思うよ、と妃殿下ご自身からお聞きしたことがございましたが、御病弱のお母様《たあ》をはじめ、幼い弟君や妹君をお守りになります御姿を、同級生である私などは常に、お見事なこととお見上げ申しておりました。

実際は御次女でいらっしゃいましたが、一つ違いのお姉様は生後三ヶ月で御他界になっておりますので、徳川慶喜家の長女としてのお覚悟を、このお父様の御逝去によって決められたのかも知れない、と私もあとになって思うのでございますが、学生時代を振り返りますと、いかにもお姫さま育ちといった大らかな中にも、やはり、御自分というものを確りお持ちで、そのあたりのところが、同じ年頃とは申しましても、私どもとは全く異なりまして、ご立派でございました。

本当に、今思い返しましても、学生時代から、どこと言って欠けたところの無い方でございました。

御人柄と申しましては、なにか堅すぎるような、どこかなつかしく、ゆかしい、お目に掛かる誰もがお親しみを感じてやまない、あたたかい魅力をお持ちでいらっしゃいました。それだけに又、同級生の中には何となくやきもちを焼く方もございましたが、お父様の御不幸による御傷心も表にはお出しにならず、じつに気丈にお過ごしでございました。

それほど才長けていらっしゃいましたのに、決して堅苦しいというわけではなく、御冗談も仰いますし、茶目っ気もおありになって、周囲を緊張させない雰囲気をお持ちでございましたことは、その晩年までお変わりがなく、今でも妃殿下、妃殿下と申しまして、薨去あそばされた後も忘れられず、お写真をお飾りして「偲ぶ会」という集りを致しておりますけど、何時でも妃殿下がそこに、昔と変わらぬ微笑を湛えて私たちを見つめて下っているような気がするのでございます。

父、伊集院彦吉

# 第二章　伊集院の家

## 薩摩流儀

私は明治四十四年の五月に北京の大使館で生れました。

父は伊集院彦吉と申しまして、外交官として当時は清国大使を務めておりましたが、ちょうど大使館の広間に飾られた大きな鉢植の藤の花が今を盛りに豊かに咲いておりますのを見まして、四男二女のあとに生れた末娘なので、今さら名前を考えるのも面倒だと思いましたのか、それで藤子と名付けられたそうで、じつに単純なのでございます。

私は数えの三歳で帰国しましたので、あちらのことは全く憶えておりませんが、秩父宮雍仁親王妃勢津子殿下の御父上様の松平恒雄様が、当時参事官でいらしたそうで、私の姉は勢津子様と北京でテニスをしたりしたそうでございます。

父はその後、イタリア大使となりまして、欧州大戦後の平和会議の講和全権委員として出席致しましたが、子供たちが学校を転々とするのは望ましくないし、教育は日本で受けるべきであるという父の方針で、母と私たち子供は東京で暮らして居りました。

東京の留守宅は東中野にございまして、ただ広いだけの木造建築で、まるで寮みたいだなどと子供たちは文句を言っておりましたが、門の右側が鬱蒼とした竹林で、左側は広々とした畑でございまして、爺やと呼んでいた人たちが耕作してくれておりましたから、野菜や果物は自宅で用が足りる時代でございました。

玄関の脇に執事の住居がございまして、この人たちが袴を付けて屋敷の表に詰め、経理や対外的な応待に当り、その下に書生がおりました。私たちの通学に付いて来てくれましたり、色々の用をしておりましたが、たいてい夜学に通っておりました。

それから昔はお女中というものが、家族の一人に一人づつ付いておりましたから、今、そのような話をうちの娘たちに申しますと、そんな人が傍に始終付いていたんでは、落ち着いて食事も出来ないでしょ、などと申しますけれども、昔はそれが当り前でしたし、家庭内のお食事にしても、人が見ていようがいまいが、きちんと正座をして、余計なおしゃべりもせず、ましてテレビを見ながら、などということはありませんから、お女中のお給仕で頂いておりました。

また、その頃のお女中という人たちは忠義と申しますか、愛情があると申しますか、今の雇用関係とは全然違います。執事や書生などという男の人たちにしても、家族の者には三つ指を付いて、ごめんあそばせ、という時代でございましたから、今のひとたちには想像も出来ないと存じます。

その書生にしても、何かの縁でそれぞれの家に来ておりましたから、身元も分かっておりますし、使うほうも、使われるほうも安心ですし、お互いに信頼しておりました。我が家のような、たいしたことのない家でも、子供たちそれぞれに一人づつ女中が付いておりまして、表には執事、書生が六人ばかり、そのほかに爺やがいましたからね、今からは考えられませんと存じます。

当時の東中野はいかにも武蔵野という田園風景の、いわゆる田舎でございました。夏には近所で蛍狩をいたしましたほどで、水の流れも清い、美しい頃の東京のおはなしでございます。

もう、その頃の東京を実際に御存じの方も少ないと思いますが、町並みが全然変わりましたなかで、私の七つの御祝いに、お屠蘇をいただいた氷川神社だけは、今もそのままございます。鎮守の杜と申しますが、どんなに町が変わりましても、神様のいらっしゃるところだけは、開発も避けて通るということは、やはり日本の本当に有難いところだと思います。ですから、いつも車で東中野のあたりを通るときに、道から氷川様が見えますから、今でもたいへんに懐かしく思うのでございます。

その頃、女子学習院に通いますには、東中野の駅から省線（ＪＲ）に乗ります。あのあたりは田舎でしたが、それでも学習院に通う人は、結構いらっしゃって、先ず私の家のお隣が木越さん、そして森さん、諏訪さん、池田さんと四軒ございましたから、朝、この方々たちと東中野の駅でお目にかかります。そして御一緒に省線に乗って信濃町の駅で降りますと、当時の神宮外苑は一面の原っぱで、外苑の絵画館が出来ましたのも私たちが在学の途中からでございましたが、その原っぱをテクテク歩いて、今の秩父宮ラグビー場の辺りにございました正門まで通いました。

徳川さんは公爵家のお姫様ですから、小日向の第六天町から、それこそ二人引きのお抱えの人力車でお通いでした。しかも高等科におなりになった頃からは自家用車で、御名前も忘れません、鶴橋さんという運転手さんでしたが、ビュイックでございましたね。

私も父の勤め柄、一緒のときには自動車に乗せてくれましたが、普段は家族が公用車を使うことは絶対にいかん、ときつく言われておりましたから、子供は必ず電車でございました。

それで、学校の帰りに東中野の駅に着きますと、その頃は人力車が並んで客待ちをしておりましたから、寂しいところでもあり、乗りとうはございましたが、母が厳しい人でしたから、母と一緒の時か雨の日だけは乗ることを許されました。

父は鹿児島の藩士の出でございまして、父方の祖母は鹿児島で暮らしておりました。伊集院って苗字は鹿児島にしか無いんでございますね。父が外国の任地に参りますときには、そのたびに必ず故郷に帰りまして、挨拶に参っておりましたが、父が亡くなりましてからは、母が鹿児島の昔からのお墓を青山に移しました。

母の先祖も同郷でございましたから、薩摩流と申しますのでしょうか、躾も厳しくて、兄たちが言うことを聞きませんと、お蔵へ入れておりましたし、万事につけて地味でございまして、外交官の家と申しましても派手なことは致しませんでした。

## 母の実家、大久保家のこと

**妃殿下**　実はね、藤子さんとはお父様からのおつながりなのよ、藤子さんのお父様が伊集院彦吉とおっしゃってね。ちょうど私の父が、第一次世界大戦の時に赤十字から派遣されて世界を回ったの。その時にイタリア大使でいらして、お世話になったの。それでお友達の中でね、一番仲がいいの。

**杉村隆（高松宮妃癌研究基金・学術委員長）**　伊集院さんていうのは鹿児島の……。

**岩崎**　はい、鹿児島。実は私の母が大久保から来ているもので。

**妃殿下**　大久保利通のお孫さんなんですよ。

**岩崎**　それだから、徳川幕府と明治維新で仲が良くないの。

**妃殿下**　そうなのよ。あんまり良くないのよ、仲が。

**全員**　（笑い）

**妃殿下**　歴史っておもしろいわね。

『CANCER』第二十八号（平成十年三月十五日）

今から考えますと、いくら同級生の間柄とは言え、本当に勿体無いことで、平気でずけずけと申し上げておりますね。

このときの妃殿下のお話にございますように、大正七年の欧州大戦のさなかに、徳川慶久公が日本赤十字社の慰問使として危険を顧みることなく、欧州戦線に赴かれましたときに、当時イタリア大使をしておりました私の父も御世話をいたしまして、妃殿下のお父様がイタリア国王ヴィットリオ・エマヌエレ三世に謁見をされまして、日伊の親善に貢献されたそうでございます。

父が帰国いたしました後も、目黒のゴルフ場、と申しましても、今ではどなたも御存知ないでしょうが、大鳥神社の坂を上がりました辺りは一面の原っぱで、そこに競馬場がございましてゴルフ場も併設されており、慶久公と私の父もそこのメンバーでございましたし、また駒沢のゴルフ場でも御一緒でございました。

また、お話に出ました母の実家につきましては、私の祖父でございます大久保利通が、明治十一年に麹町の清水谷で暗殺されましたときに、母の芳子はまだ三歳でございまして、なにか知らせるものがあったのでしょうか、その日の朝に限ってむずかりまして、祖父が出仕いたします馬車から引き離すのに、乳母が手間取ったそうでございます。

祖母も薩摩藩士の娘で満寿と申しますが、その年の十二月に、心労でございましょうね、祖父の後を追うように亡くなりました。それからは、長男である大久保利和が本家を継ぎまして、高輪の二本榎の祖父の家で、まだ三歳になったばかりの私の母を、それこそ父親代わりで、大切に育ててくれました。

そのときは伯父も若くて独身でもございましたので、幼い母は乳母に育てられましたが、その乳母が朝に夕べに母の手を引いて、二本榎の屋敷のなかに祖父母を祀りました社に、お父様とお母様ですよ、とご挨拶をさせたそうでございます。

昔の乳母というものは忠義でございますからね、母をこの上なく慈しみ、またときには厳しく育ててくれたものと見えまして、乳母が亡くなりました後も、私にはおかあさまなのよ、と申しまして、月命日には欠かさず青山墓地へ参りまして、それこそ母が八十歳を過ぎた晩年まで、私も付いて香華を手向けましたので、墓石に刻まれた中島うたという名前に忘れられない思いが致します。

祖父があのような亡くなり方でございましたから、残された伯父たちも苦労をしたと存じますが、先ほど申しました長男の大久保利和は内務省を経て大蔵省主計局長を務めまして、その頃のことですから貴族院議員でございましたが、この伯父が食通と申しますと評判がよろしいけれども、たいへんな食いしんぼうでございましてね、私も幼い頃から方々のレストランや料理屋に連れて行かれまして、今でも思い出されますのは、当時新橋から土橋に向います途中に、エーワンって申しましてね、英国風の洒落たレストランを伯父が好きでございまして、随分通いましたが、私もそこのビーツのサラダが美味しくて、今でもその味を憶えておりますから、今も宅で作ります。和食では八百善が赤坂にございました頃でございますが、よく行きましたね。

それから不二家がそのころ出来立てでございまして、あとは資生堂のケーキがおいしかったのを思い出しますし、帰りにはキンタローで玩具を買っていただきましたり、あとはサエグサでございますか、とにかくその頃は出かけるといえば銀座でございました。

この伯父は歌舞伎が好きで、ことに菊五郎《ろくだいめ》を贔屓にいたしましてね、いつも私を連れていってくれました。そんな風でございましたから、音羽屋の番頭の牧野さんが、鏡獅子の押し隈を届けてくれましたが、伯父はこれを掛け軸にして、私が岩崎の家に片付く時の箪笥の中に入れて持たせてくれました。この箪笥は、母が伊集院に嫁ぎましたときに、大久保の家から持って参りましたもので、当時の紋は大きいんでございますよ、それで銀の銹でございましてね、今も私が使っております。

このように、私は本家の伯父にたいへんに可愛がられまして、と申しますのも、伯母が早く亡くなって、自分のところには子供が無かったものですから、母に私をしばらく貸してくれと申しまして、幼い頃には時々、伯父の屋敷に泊まりに参りました。私の母は大久保家の末っ子で、伯父たちとは父娘ほど年齢が離れておりましたから、私も利和伯父を祖父のように慕って育ちました。

大久保の本家は、利和伯父に子供がありませんし、次男である伸顕は三歳の時に、大久保の親戚である牧野の家に養子に入りましたので、大阪府知事など各地の知事を務めておりました三男である利武が継ぎまして、それからは学者でした利謙を経て、現在は利泰が取っております。

とは申しましても、たまたま大久保の祖父が晩年にあれだけ偉くなりましただけで、家柄としては公家でも大名家でも何でも無いんでございますし、また伊集院の家も薩摩藩士の出でございますから、うちなどは御大家とは違いまして、質実剛健が取り柄だけの、とにかく鹿児島風が強かったように、振り返りましてもそう思います。

## 華族女学校

伊集院の家は兄が四人、姉が二人に私が末っ子でございます。長兄は東京銀行に勤めまして、それでも副頭取にはなりました。次男は三菱電機からウエスティングハウスに参りましたが早く亡くなりまして、三男は音楽家で近衛秀麿さんと御一緒に桐朋が出来るときに色々とお手伝いをいたしました。兄の一人は北京の大使館で生れるとすぐに亡くなりましたが、もう一人の姉は長いこと、常磐会の理事長などをしておりました。常磐会と申しますのは、学習院の女子の卒業生の会で、現在の会長は、寛仁《ともひと》親王殿下のお姉さまの近衛甯子《やすこ》様でございます。

今も学習院の正門の右手に記念会館がございまして、そこでクラス会など致しますが、そこに教養部が置かれ、お茶・お習字・お花・お盆石のお稽古がございまして、うちの長女（伊賀美慧子）が常磐会にお頼まれして、そのお花の清風瓶華をお教えなどいたしております。

私の母が華族学校の七回の卒業生、私が女子学習院の四十二回、長女が学習院の七十二回でございまして、三代にわたって御世話になっております。

先にも申し上げましたが、母は明治十八年に華族女学校が開校と同時に入学しております。

手元にございました『女子学習院五十年史』（昭和十年刊）を紐解きますと、

華族会館が監督する私立学校である学習院は、明治十六年に宮内省の所管となり、翌年には官立学校になったが、おりから東京は勿論、京都その他の地方においても相次いで女学校が創設されるのをみそなわれた昭憲皇太后には、華族女学校の創設あるべき御沙汰を下された。宮内卿伊藤博文は直ちに計画を進め、四谷仲町皇宮付属地（赤坂離宮正門前）内に新校舎を設置し、明治十八年九月、学習院長陸軍中将谷干城に華族女学校長を命じ、宮内省御用掛の下田歌子に幹事兼教授を仰せ付け、学習院元女子部生徒三十八名を移した他にも華族の学齢女児へ入学を勧め、尚、華族以外からも志望者を募集して、満六歳から十八歳まで百四十三名の生徒を集め、同年十一月十三日、皇后陛下の行啓を仰いで開校の式典を挙げた。

私の母は、このときに入学したわけでございますが、

開校当時は百五十人ほどであった生徒数が、明治二十年には二百十四名に及ぶにいたり、益々増加する傾向にあったので、元雲州侯の宅地にして当時は閑院宮家の御用であった麹町区永田町御料地内に、帝室の恩賜金十万円を仰ぎ、コンドルの高弟である新家孝正の設計によるルネッサンス様の校舎が竣成し、明治二十二年七月六日の新築落成開校式には皇后陛下が臨御された。

母は、四谷から永田町に校舎が移ったどちらの時代にも在校しておりましたが、こと

に永田町の秀麗な校舎を懐かしんでおりました。

今で申しますと赤坂見附から、国会議事堂《ぎかい》へ抜ける坂道の途中の、衆議院議長邸のところがそうであったように思います。

そして明治三十九年には再び学習院に併合されまして、学習院女子部と称されましたが、大正七年に再び独立することになり、校舎も青山へ移転して女子学習院となりました年に、私も入学したのでございます。妃殿下は幼稚園から学習院においであそばしました。

私たちが通っておりました女子学習院は、今の神宮外苑の、秩父宮ラグビー場から信濃町の駅に掛けての一帯にございまして、正門《ごもん》は、今の外苑の銀杏並木を入った突き当たりで、それこそ当時は一面の原っぱでございましたが、これを潜りますと築山の美しい表庭で、ぐるりと四方を囲むように校舎が建てられておりました。

私たちが卒業し、戦中を挟んで昭和二十二年には再び学習院と女子学習院は一体化し、宮内省の管轄から離れて私学となりまして現在にいたりますが、今では良くも悪くも普

女子学習院校舎全景写真

正門

本館

通の学校と同じようになったような気がいたします。

　学習院という学校は、近代国家の上層に位置する華族としての重責を全うさせるために西洋諸州の貴族学校に倣って、本邦独自の華族学校を作ろうという、有栖川熾仁親王殿下をはじめとする有志の思いに対して、明治天皇様が校地ならびに校費を御手許金の中から下賜されたことにはじまると聞いております。そこから学習院が出来まして、女学の振興にご熱心であそばした昭憲皇太后の有難い思召しで、華族女学校も女子学習院も出来たのでございますが、私たちが学校で学びましたことは、つねに他人の為になることを考えよ、それが国のためになることである、ということでございました。そして、華族の子女が奢侈贅沢に流れることなく、質素剛健を心掛ける事は、華族のみならず一般民衆の教化の為にも肝要と考えよ、ということを常に言われました。つまりは、上に立つ者こそ、自分自身に責任を負わなければならないという教えでございましょう。

　現在は宮内庁になりましたが、御存知のように戦前は宮内省と申します単独の役所でございまして、学習院も女子学習院も宮内省の管轄で、私の二番目の伯父の牧野伸顕も宮内大臣を致しておりましたので、身内がこんなことを申しましてはいけないんでしょうけれども、今とはどこか違った対応をしていたように存じておりました。

こうした教育が次第に顧みられなくなって参りまして、私のように昔を知っております身には、なにかさびしい気持が、正直致します。

今は華族もなにもございません世の中ですし、結局、古いんでございましょうね、私のほうが。

## 父、伊集院彦吉

さて、父の思い出と申しますと、パパが御自分から挨拶をなさるのは犬だけだって兄たちが申しておりましたが、毎朝、二階の寝室から降りて参りますと、先ず、ルルって呼びまして、これは松方さんの那須の牧場から頂いて参りました犬でございます。この間、松方三郎さんの御長男で、本家をお取りになった私たちが峰雄ちゃんなんてお呼びしていた方が、何十年ぶりかで私の家を訪ねて下さいましたので、おなつかしくて、そのお話も致しましたが、今思い出しましても毛足の長い、可愛らしい犬でございましたが、いつも気難しい顔をしている父が、その犬にだけは、ルル、お早う、じつに優しく、そう言うんでございますよ。それで子供たちが、パパ、ごきげんよう、と申しましてもウンてなもので、愛想がないんですもの、どちら様も同じでしょうが、子供たちには厳しうございましたよねえ、あの頃の父親は。でも本当に仕事一途の人だったと思います。それでも日曜日の夜だけは、必ず、子供たちと一緒に食事を致しました。

　そのような次第で、まして私は末娘のことですから、父が外交官としてどのような働きをしたかということは、何も存じませんので、父が亡くなりまして十年後に、有志の方々が発起人になって、丸の内の工業倶楽部で追悼会をしていただきました時、父を偲んで御話をしていただきました『伊集院男爵十周年忌追悼録』という昭和十年刊行の書物が残っておりましたので、そのなかのいくつかを御目に掛けたいと存じます。

　父は元治元年（一八六四）に薩摩国鹿児島に生れまして、明治十七年に帝国大学法科大学に入学し、学長である鳩山和夫さんに条約改正の必要を熱心に説かれましたそうで、これに共鳴して石井菊次郎、秋山雅之助と共に外務省試補となったとの由でございます。

もう吾々は学校を出て、兎に角官吏になつたのである、実社会の事を是から研究しなくちやならない、人情も解しなくちやならない、一つ芝居に行かうじやないかといふ案が、誰からであつたか出たのである。勿論三人とも東京の芝居と云ふものは観たことはなかつたのであるが、立所に其の議は成立して、行くとすれば出来立ての歌舞伎座へ行こう。その頃評判の福地桜痴居士作の「春日局」といふのがかゝつてをつた。そういふ訳で三人で先づ歌舞伎座へ行つて、初めて東京の芝居といふものを観た。だん〳〵芝居の構造、舞台、役者の台詞などといふものが、初めは判らなかつたが、少し聞いて居る間に少々解して、私がふと伊集院君の顔を見たところが涙をこぼして居るのが目に附いた。そこで私は、秋山君に「おい〳〵鬼の目から涙といふものはこれじやないか」と斯う云つた所が、伊集院君も、どうも極まりが悪かつたのか、どうか凝乎と吾々の顔を視て居つて、「なんだい、貴様だつて泣いてるじやないか」と斯う言つた。是で、先づ吾々は実社会の社会相及び人情をやゝ解したといふことになつた。

鳩山先生の言はれる通り外務省へ入つて、随分治外法権の事で、悲憤慷慨をさせられたのである。吾々が外務省へ入つて三、四年する内に日清戦争が起つた。それ以後の我が国の発達、従つて外交の発達といふものは諸君の充分御承知の通りである。此の変遷多き日本の外交界に於て、伊集院男爵の眼識といふものは、私は大いに敬服して居るのであるが、伊集院君は其の生前真に磊落な方で、小事には頓着せられないやうではあるが、中々一つの問題に就て憂を共にして見ると、平素先生の注意する所が、小さい所迄届いて居る事が判るのであつて、殊に伊集院君が外務大臣になつてからの問題の扱ひ方、之に就て私は頗る感服して居る。

石井菊次郎（外相・枢密顧問官）

一年ほど英国公使館に勤めると、明治二十六年には芝罘・釜山・仁川などの各領事を拝命しております。

（伊集院彦吉）の性行に付ては、私から見ると、如何にも優みと威厳とのよく釣合の取れたよい手本であつたやうに思はれる。故人に接して其の罪のない悪戯を見たり、又其の朗かな高笑ひを聞くと、何人も親み易い、謂はゞ春風駘蕩と云つたやうな気持になるが、是と同時に故人の胸の底には凛として、犯すべからざる強い或ものが、伏在して居つたことを感ぜざるを得なかつたのである。故人には一面には百姓や猟師のやうな者でも、恰も、自分等仲間の親方に対するやうな心持でなついて来た。嘗て釜山に領事をして居つた頃に、漁夫を集めて其の心得を説ききかされたことがあるが、荒くれ者の、命知らずの漁夫も、深く感動したものと見えて、声を上げて泣いたと云ふ話が伝つてゐる。又他の一面に於ては故人の鼻柱が強くて信念の固かつたのには老獪な袁世凱も、緑林出身の張作霖も窃に恐れを成して居たと云ふことである。

故人は小手先の利く事務家ではなかつた。筆を執つては頻りに文字を書き誤つたり、外国語を用ひては、全然文法の外に超越せられて（笑声）……為に幾多の逸話を作つて居られる。併しながら其の常に大局を見渡されたる観察力、又信ずる所を断行せられたる勇気、人に接せられたる温い情味、殊に終始一貫国事を憂へられたる尽中尽世の念は、自ら将に将たるの器として、鮮かに光を放って居られたのである。

幣原喜重郎（外相・首相）

明治三十四年には天津領事、翌年には同地の総領事となり、明治四十年からは大使館参事官として英国に在勤し、翌年の四十一年には清国大使を任ぜられ、日露戦争後の満州問題及び明治四十四年の「辛亥革命」後の日中間外交の衝に当っております。

この北京の日本大使館に在任中の同年五月二十五日に、私が生れました。

大正五年にイタリア大使となり、在任中にパリ平和会議の講和全権委員としてパリに出張しております。

同十年には外務省の初代情報部長。

父は外務省でも中国畑で、大連に旅順港ってございますね、あそこに外務省の大使館のような関東庁というものがありまして、大正十一年に関東長官になりました。

私たちも夏休みを利用して、旅順港を見下ろす丘の上に官邸がございましたので、二百三高地の近くなのでたいへんに眺めが好く、じつに気持のよいところでございました。

うちは官吏の家ですから、堅実といえば堅実でしたけど、上流などという家庭ではなかったと存じますね。

社交と申しましても、うちが厳しいものですから、私たちが夏休みを利用して、父がおります旅順の官邸に参りましても、子供が大人の席に出ることは、母が許しませんでした。最近は、お小さい子供さんをどこへでもお連れになりますが、却ってね、子供にしてみれば、幼い頃から心持が複雑になってしまうのではないでしょうかしら……。

それでも、ひと通りの稽古ごとはさせてくれました。表流のお茶と、それから私は長唄が好きで、小さい頃から吉住小三郎の弟子の吉住小三蔵という先生に付きました。牧野の伯父のところも長唄を好みましたから、会にも出ておりました。そのころ三越で「清元会」というのを毎月しておりましたが、よく聞きに参りましたので、本当は清元を習いたかったんですけれども、志寿大夫が好い声でしたからね、でもあれは粋だからいけませんと言われまして、それで長唄の研精会に参りました。

その頃、私の家にも、父がイタリア大使をしておりました時の長島っていう料理番をつれて帰りまして、我が家に居てくれましたので、年中、イタリア料理を専門に出しましたから、まだスパゲッティなども珍しい頃でございましたので、親戚のあいだでも饂飩の洋食などと申しましてね、プレーンのパスタにチーズをかけて、それから生のトマトを刻みましたもので年中、供応《おきゃく》を致しましたものでございます。

また、その頃、料理番の長島が作ってくれますグラタンがおいしくて、今でも大の好物で、ほんとうは高血圧ですからでいけないんでございますが。

そうして、私の母がパンが好きで、幼い頃から朝は必ず洋食でしたから、今でも私は朝のトーストが楽しみでございます。

幸い、一緒に住んでおります次女の泰子が料理研究家になりまして、ジャムやマーマレードなど色々作ってくれますから。

## 関東大震災

話が元に戻りますが、当時の我が家は父の方針で別荘は持ちませんで、毎年夏休みには、どこか場所を変えてひと月、家を借りまして、そのほうが子供たちの勉強になるからというわけで、また母も自然を好みましたから、春になると書生を連れまして、今年の夏はどこにするか、葉山が好いか、日光が好いか、ほうぼう歩いて探してくれまして、と申しますのは宿題に日記を付けなくてはなりませんから、私なども助かりましたね。

この年は、父が関東長官でございましたから大連で夏休みを過ごすことになりまして、私も関東庁でのんびりしておりました。満鉄などね、父と通りかかりますとね、長官の御一行だ、なんて停まりますのよ。東京とは違いまして、大連はのんびりして居りました。ものも豊富でございました。

そのときでございますよ、東京を大地震が襲いましたのは。電話で個人のやりとりは出来ませんので、外務省を通じてやっと九月の一日に東京全滅という知らせがございましてね、今と違いましてテレビもラジオもございませんから、何のことだか分からないくらい。

昔の家は、鋲が離れても、揺れながら元へ戻るんでございますってね。それで東中野の家も、広いだけで平凡な木造だったんですけれども、大工や左官が手抜きなどしないで、きちんと作ってくれたんでしょうね、毀れもしなければ、焼けもしなくて無事でした。

二日の日にはじめて外務省から聞きましたが、父は山本権兵衛さんの内閣で外務大臣を拝命することになっておりまして、たしか九月の十二日に御所の御庭で親任式というので、それに間に合うように帰国しなければなりませんから、昔はたいしたものですね、旅順港から軍艦が出まして、先ず父だけは帰国致しました。

残された私たちは十月まで帰ることが叶わずに、そのまま大連に留まりましたが、ようやく十月に入りまして帰国の途に着き、十三日に神戸に着きまして、瀬戸内海を抜けて横浜港の沖に泊まって、と申しますのは、港の岸壁が毀れておりましたから、大きな船を着けることが出来ませんで、小さな釣り船が繋がっているのを渡って、ようやく上陸しましたが、横浜の市内も本当に酷いものでした。家に辿り着きますと、余震が恐かったんでしょうね、執事も女中も皆、庭の竹薮に蚊帳を吊って暮らして居りましたよ。

今度の方々の地震でも皆さんもお気の毒だと思います。ご自分の家が無くて、水が無くて、食べ物がないということはね、考えただけでもね、胸が痛みます。

帰国しますと、すぐに徳川さんにお目に掛かりましたが、葉山の御別荘にいらっしゃいました。

そして大正十二年九月、第二次山本権兵衛内閣の外務大臣に就任。翌年一月に虎ノ門事件での内閣総辞職により辞任いたしましたが、この経緯について石井菊次郎さんは、大学卒業当時の父の発言を憶えておいでてでございました。

（大学を卒業したばかりの時に）兎も角吾々は今度いよ〳〵官吏になつたから、外交に入つた以上は生涯外交で暮さうじやないか、斯う云ふ案が出た。これは伊集院君から出た。皆立所に賛成であつた。是はその当時まだ大学の卒業生といふものは、余程毎年少数のもので、卒業した者は実業界は殆ど口はないし、又行かうとも思はなかつたのであるが、官界では少々引つ張り紙鳶のやうな需要があつた。官等は一等でも上の方、月給は少しでも多い方といふやうに、従て随分転々として歩く風潮があつた。そこで月給の如何に拘らず、引上げられることの遅きに拘らず、先づ外交官を以て生涯やらうじやないか。兎も角我儘で自分で外務省を辞職することはよさう、まあ斯う云ふ約束が成立した。是は実に吾々に取つては良い約束で、その後私も勧誘を受けたが、頗る若い人に取つては誘惑的な、それこそ外務省試補位で僅かのものを貰つて居るよりも、更に非常に好い条件であつたが、皆んな前の約束通り、一も二もなくお受けしない。

それからずつとやつて来たのである。伊集院男爵は、大正十二年外務大臣となられ、次の年に辞職されたが、是は自己の我儘で辞職したのではない。約束通り生涯外交で尽されたのである。

石井菊次郎

当時、大変な騒ぎでございました虎ノ門事件、難波大助という名前は忘れもいたしません。その事件のせいで内閣は総辞職（大正十三年一月七日）となり、父は外務大臣を辞めました頃から、食欲がなくなり、体調がすぐれませんでしたが、その頃はまだ一般に癌ということは申しませんでしたし、あまり知られてはおりませんでした。

総辞職の翌月の二月に寝付きまして、父がイタリア大使館から連れて帰った長島も、もうその頃には工業倶楽部のコック長をしておりましたが、父の危篤を知って東中野まで駆けつけまして、自分で作ったアイスクリームを枕元に捧げながら、旦那さま、旦那さま、どうぞ一口召し上がってと、それこそ男泣きでございますわね、号泣しておりました声が、私はそのとき十三歳でございましたが、今でも忘れられません。

徳川さんがお父様とお別れになりました二年後の大正十三年四月二十六日、私も父を失いましたわけでございます。

父の遺品と申しましても、山のような書類だけでございまして、母が大切に保存しておりましたが、三年ほど前でしたか、世田谷が集中豪雨に遭いましたときに、宅の地下室に水が入り、父の残した書類も水に漬かりましたものですから、長女の主人である伊賀良郎の発案で、外交史の資料として生かして頂きますように、すべてを国会図書館に寄贈いたしました。

# 第三章　妃殿下のお覚悟

## 御成婚

栽仁王《たねひと》がお亡くなりになってしまって、母の里である有栖川宮は絶家となるわけでしたが、大正天皇様の思召しによって「第三皇子の光宮宣仁親王《てるのみやのぶひと》」が高松宮の称号を受けられ、有栖川宮の祭祀をお継ぎになることが決まりました。それは大正天皇様の大変な特別のご配慮だったのです。というのは、大正天皇様のご補導役を母方の祖父にあたる威仁《たけひと》親王が誠心誠意つくしていられたことに対しての御計らいだったとのこと、大変に感謝していらしたらしいのです。威仁親王は結核だったのですね。舞子の別荘で、このありがたい御聖断を聞かれた数日後にお亡くなりになりました。私が血がつながっているということで、高松宮に嫁ぐことになったのも御縁だ、と後でしみじみ思いました。宮様は私が上がります前から母を大切にしてくださり、母も宮様をなにかとお頼り申し上げていたようです。

『CANCER』第二十八号（平成十年三月十五日）

御成婚のことは、第一章でも申し上げましたように、光宮宣仁様が大正天皇様から高松宮の称号を賜りましたことで、お世継ぎの途絶えました有栖川宮家の祭祀をお引継ぎになりましたことから、有栖川宮威仁親王殿下のお孫様の徳川喜久子姫さんを将来、高松宮宣仁親王妃に迎えるというお話は、貞明皇后様の御内意により、徳川さんが十歳の頃には、内々ではお決まりでしたそうですが、お二人の初めての御対面は、昭和二年の暮れだったと伺いました。

**妃殿下**　総理官邸の前に有栖川宮の御殿があったの。そこへ宮様が兵学校をご卒業になってお移りになった。その御殿に、お見合いかなんかに、母は私を連れていったわ。その時に、私、忘れないのですけどね、私は顔も上げられないのよね。宮様の皮のスリッパがキュッキュッ、キュッキュッ鳴って。

**全員**　（笑い）

**妃殿下**　それだけが私はおかしくてね。もうそれこそ箸がころがってもおかしい年頃でしょう。もう私、悪いけど、おかしくてしょうがないし、笑うわけにいかないしね。

**岩崎**　お話し遊ばしたの、殿下と。

**妃殿下**　しない。

**全員**　(笑い)

**妃殿下**　そんなの出来るもんですか。母がみんなおしゃべりしたわよ。

『CANCER』第二十八号(平成十年三月十五日)

徳川さんが高松宮家にお上がりになります事は、尾上流のお習字の時間に、おひとりだけお抜けになって、有栖川御流のお障りにならないように学校が配慮申していたことなどから、同級生の間では何となく承知してはおりましたが、表には一切出さないように、学校でも申し合わせがございまして、これが明らかになりましたのは、徳川さんが後期を卒業になる間際でございました。

その頃には、同級生たちが何かと言うと、徳川さんをおからかい申し上げたような憶えがございます。

ご卒業間近の頃、
女子学習院植物園にて

ご卒業直後、中庭にて

ご卒業記念写真（上段２列目右より３人目が妃殿下）

御成婚間近の頃、御母君と

昭和４年春
初めての日本髪でのお写真

御成婚前の最後のクラス会（於北白川宮様邸）
お好きだった赤い帆のヨットの訪問着を召して

そのたびに、いやあよって仰いまして、お恥じらいでございましたのが、拝見して居りまして眩しいようでございました。

私もその頃は、お慶び、お慶び、というような気持でいっぱいで、また兄がスキーで高松宮様のお供をよく致しておりましたから、兄の話では、やはり男性は男性で、殿下をお冷やかし申し上げたというようなことを聞いておりました。

私も授業中に、殿下が八雲にお乗りだったので、六角の鉛筆に小さく軍艦を彫って、お隣にお座りの徳川さんにそっとお見せしたり、そんなこともございました。

徳川さんも茶目っ気がおありあそばして、ときには先生方に悪戯をしようよ、なんて仰いまして、他愛のない、お遊戯のようないたずらをあそばしましたが、それでいて締まるところはピッと御締まりになりますから、そこは私たちとは、その頃からすでに全然お違いになりました。

いよいよ御成婚の間際になりますと、徳川家からお別れ会にお呼ばれしたり、その御返礼として今度は私たちが送別会を東京會舘で致しましたときには、高松宮様が海軍にいらっしゃいますから、御祝いのケーキを軍艦の形にして誂えまして、徳川さんへの御土産に致しましたら、その趣向を大変にお慶びになりましたことなど、本当に色々な思い出が尽きないことでございます。

御婚礼の御調度を徳川家に拝見に上がりましたが、十二畳、十畳、十畳と三間《みま》続けたお部屋に、素晴らしいお箪笥やお長持が幾棹も重ねて並べてございましたのには、ただ私などは肝を潰しまして、これ、みんな徳川さんのものなの、なんて平気で間の抜けたことを申しました私も、他愛がございませんね。

徳川さんは徳川さんで、少しでも高松宮様のことでおからかい申しますと、何とも言えないようなお嬉しそうな御様子で、「やめてえ」なんて、お可愛いらしくおっしゃいました。

**岩崎**　ご成婚の日、この頃の妃殿下方は、御所にお洋服でいらして、あちらでおすべらかしにお結い上げになります。でも妃殿下は、第六天町のおうちからおすべらかしでお出ましで。

**妃殿下**　朝の四時ぐらいに起きてね、大変だった。朝、まず古式通り賢所に上がり、

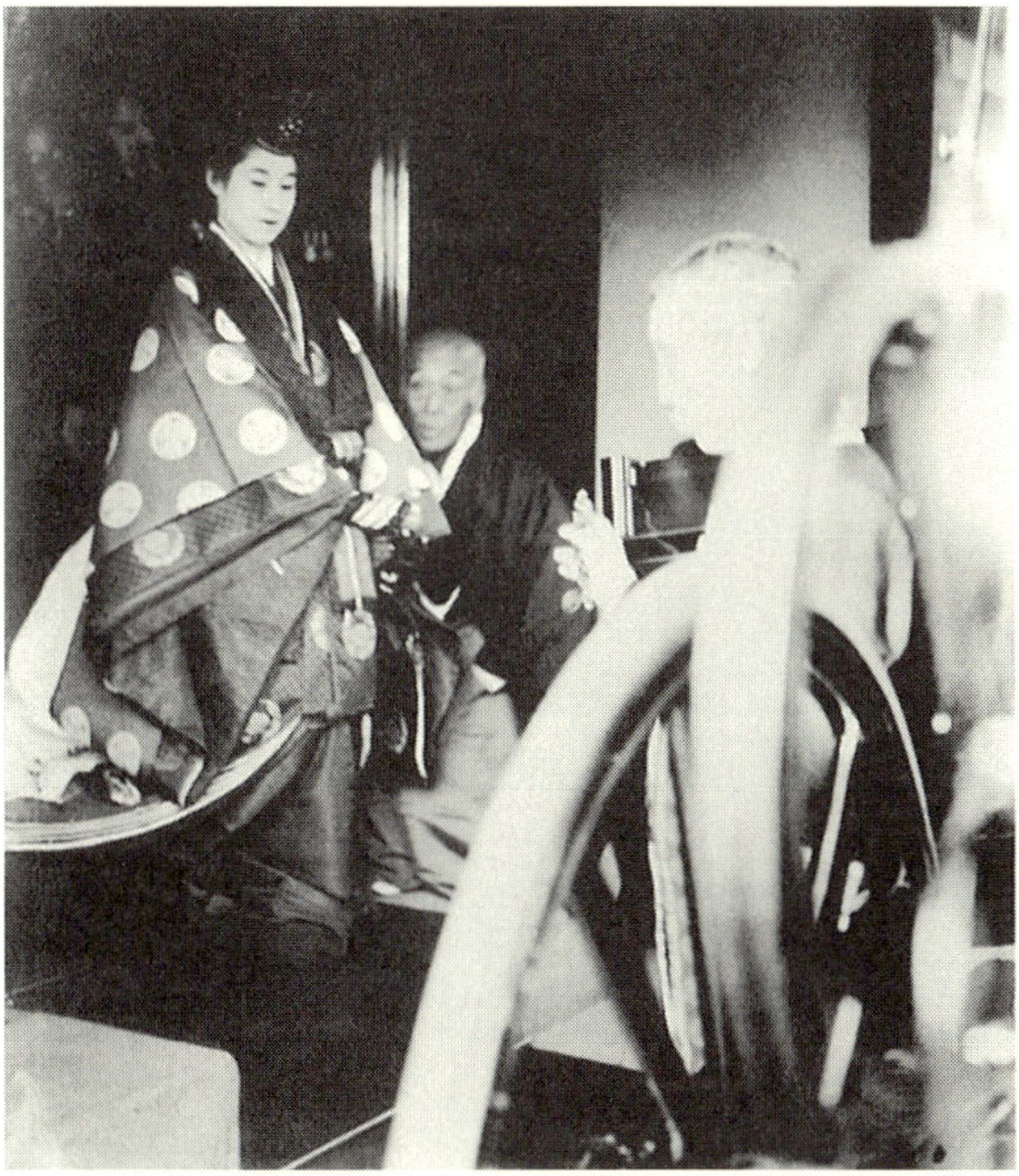

昭和5年2月4日御婚儀の朝、徳川邸お玄関にて、表葵の紋の十二単姿でお馬車に

お馬車をお見送りする同級生

賢所で御婚儀を挙げられた両殿下
（昭和５年２月４日、殿下は２６歳、妃殿下は１８歳）

赤坂離宮でのご披露宴前の
記念写真　（昭和５年２月１８日）

お杯ごとがあるわけね。それが済んで帰邸すると、すぐに髪を洗うの。それで今度は洋髪に早変りするわけ。大変なのよ。本当に大変。

『CANCER』第二十八号（平成十年三月十五日）

御成婚の当日は、私たち同級生は、学校の式典のときと同じく紫の紬の紋服に海老茶の袴で、朝六時に第六天町に伺いまして、徳川公爵家のお玄関に並んでお見送りしました。

貞明皇太后様のお差し向けの女官の手で髪《おぐし》を上げたおすべらかしに、葵の御紋を織り上げた唐衣裳も晴れやかな徳川喜久子姫は、お輿入れのお道具にお入れになりましたお雛様そのままの、清らかなお美しさでいらっしゃいましたのを、同級生一同、ただ感激して仰ぎ見るばかりでございました。

六頭立ての儀装馬車にお乗り遊ばした喜久子姫は、菊の御紋章もまばゆい親王旗を翻して走る近衛兵に守られて、宮城の賢所を指して向われました。

お見送りした私は、仲良しの四、五人のグループと申し合わせて、追っかけをしましょうと御転婆を致しまして、そのままタクシーに乗り込み、みんな紫の紋服ですから、これを見ていた人はさぞ不思議に思ったでしょうが、お盃を交わされて御夫婦におなりになった両殿下が賢所からお下がりになって、新居である高輪の仮御殿へお帰りのところをお出迎え申し、お二人はお着替えになって、又すぐに朝見の儀のために宮城にお出ましになり、その後、皇太后様に御挨拶に御出でになりますので、大宮御所でお待ち申し上げ、タクシーで取って返して、高輪の仮御殿でお出迎えしたことなど、なつかしく思い出されますが、私としては余程名残が惜しかったのでしょう。

そのときは魚籃坂を右手に登ったところに、木造の仮御殿がございまして、そこが両殿下の新居でございました。と申しますのは洋館の新御殿の完成が間に合わなかったからなのでございます。

その数日後に、いまの迎賓館、当時の赤坂離宮で御披露がございまして、同級生は全員御茶に呼ばれましたが、私は早めに迎賓館に来るようにとのお召しでしたので駆けつけますと、妃殿下が、

「今日はたいへんよ、一日に二度も髪を結い直さなければならないし、忙しくて仕方が

ないわ」

などと、つまりはお惚気でございますが、照れ隠しにさも面倒らしく仰っているところに、高松宮様がお出ましになりまして、「喜久子は今日はマネキンだよ」と御冗談を仰いましてね、愉快そうにお笑いあそばしました。

妃殿下はそうした時の訪問着がじつにお似合いになりました。ずっと後のことですが、香淳皇后様が妃殿下のお召し物のお見立てをお褒めになりまして、華子様が常陸宮家にお上がりになります折のお仕度を、御任せになったことがございました。

また、妃殿下の御所蔵のティアラはまことにお見事で、有栖川宮慰子《やすこ》妃殿下がお好きでお集めになっておりましたそうで、妃殿下はこの祖母《おばば》様から、そっくりお引継ぎになりましたなかでも、このティアラは日本で一等御立派なお品で、ですから他の方々との釣合いが難しく、どこにも付けて出られないと仰せでございました。

御成婚あそばしてすぐに、天皇様の御名代として、英国に御差遣の御沙汰をお受けになりましたが、この御洋行の折には、有栖川宮家からお譲りのティアラに保険を付けて御持参になり、バッキンガム宮殿での謁見の折にお用いになっております。

妃殿下　お嫁に来たのが二月の八日、それで（世界一周の旅のために）横浜を出たのが四月の二十一日。その間にね、京都でご披露があるやら、桃山御陵と橿原神宮とかね、泉山御陵と言ったかしら、みな、それに二度行ったのよ。だから、本当に忙しかった。そして赤坂離宮でご披露があったの。ご指導を受けた先生方、外交団、親類、お友達も来るし、全部皆こなしたの。まるで朝昼晩ぶっ通しみたいな。もうくたびれたわ。それで二か月後に外国ですものね。そのために洋服の仮縫いが、これまた大変なの。くたびれて、三度卒倒したわよ。

杉村　脳貧血の発作だったのですね。

妃殿下　くたびれて。でもとにかく、何とかなって。だって船に乗っても、毎晩、イブニングでしょ。大変ですよ。

杉村　軍艦ですか、船は？

妃殿下　いいえ、鹿島丸。小さかったのですけれどね。日本郵船でした。

杉村　でも船に乗ったら、ほっとされたでしょう。国内のいろいろな……。

妃殿下　いいえ、しませんよ。だって、先生、知らないんですもの、旦那様という方を。

**全員**　（笑い）

**妃殿下**　だって、今みたいに毎日毎日お会いしたなんていうのは、本当に、あははは。考えられないようなことよ。

**杉村**　それでどこをご旅行になったのですか、その世界一周というのは。横浜から出帆されて、神戸へ行って。

**妃殿下**　それから南を回ってね。上海、香港、シンガポールですか。それからインド洋を航海し、スエズ運河を通って、マルセイユ。四十何日かかったの。

**杉村**　陛下のご名代としての英国では、バッキンガム宮殿にお泊りになったんでしょ。

**妃殿下**　三日間。それから、今度はスペインに行ってね。マドリッドの王宮に三日泊まったの。こちらもご名代でした。あの王様はまたすごいの。アルフォンゾ十三世て、すごい王様ですよ。スペインも国情が変わったしね。あの王様はいらっしゃらないし。

**杉村**　じゃ、フランコ政権の前ですよね。妃殿下のお話を聞いていると、歴史の

昭和５年４月２１日より欧米諸国御訪問の途に
（６月２６日ロンドン御到着、バッキンガム宮殿に向かう馬車上の両殿下）

同年１１月スペイン、マドリッド北駅にご到着の両殿下

……。

**妃殿下**　そうなんです。歴史なんです。

**杉村**　ところで、岩崎さんからの御手紙がバッキンガム宮殿に届いたのですか。

**妃殿下**　ふふふ。やきもち焼いたの。

**全員**　（笑い）

**岩崎**　妃殿下のお手紙にね、「お手紙たしかにありがとう。藤子さんのお手紙を見ようと思ったら、宮様が見せろっておっしゃったから、私は逃げ回って、ベッドの回りで追いかけられて、抱きしめられて取られちゃったのよ」て書いてあったの。

**杉村**　そういう手紙がバッキンガム宮殿から日本へ。はははは。

**妃殿下**　まだ藤子さんは一人ものだったの。

私、バッキンガムパレスで一貫目減ってしまったの。宮様はね、イブニングを着るとね、手が細くてみっともないって。「もっと食え、もっと食え」とおっしゃるの。もっと食えったって、そうは食べられない。食べても太れなかった。今は、食べなくても太るのよ。

**全員**　（笑い）

『CANCER』第二十八号（平成十年三月十五日）

この御話しにございますバッキンガム宮殿から御送りいただいた妃殿下からのお手紙は、家のお蔵の箪笥の小引き出し、よく〳〵大事なものはここに仕舞っておりましたが、その上の開きには、以前も申し上げました菊五郎の鏡獅子の隈取の掛け軸とを入れておいたのですが、戦災で屋敷が全焼した時に蔵も落ちまして、灰にしてしまいました。そのほかに失いましたものはさほどにも思いませんが、その二つだけは、今思いましても残念でなりません。

## 第六天町《ろくだいめ》のお母様《たあ》

その御旅行の頃までは、妃殿下のお母様《たあ》もまだお元気でございまして、私もお留守をお慰めに、少女時代からお馴染みの第六天町の徳川公爵家に上がりますと、長いお旅でございますから、両殿下が先々から御写真を送っておいであそばすのでございます。それをお母様が見せて下さるんでございますが、御心配やら、お慶びやらの、どこか複雑な御様子で御座いました。

前にも申し上げましたが、妃殿下のお母様は、有栖川宮家から徳川家に御降嫁なさいました実枝子様と申し上げまして、まことに御美しく、威厳がおありになりながら、周囲に窮屈な思いをさせないような御立派な方でございまして、その御教育で、妃殿下もその御あとをお継ぎになり、よくお似ましていらっしゃいました。

慶久公の御他界以来、お母様はお切り下げになさってあそばしましたが、それでもお綺麗でございました。有栖川宮家から御降嫁あそばしましても、御所言葉などはお使いにならず、妃殿下よりもテキパキしたところがおありになりました。そしてお小柄ではございましたが、凛として締まった美貌でいらっしゃいまして、よく面白いことも仰せになりました。それでも、お召し物はお地味で、お切り下げになっていますから、妃殿下と、よく慈姑《くわい》のお化けだ、なんて申し上げておりましたが。

お母様のお部屋でお食事を、こちらにいらっしゃいと、歯切れの好いお言葉で仰いましてよく御一緒に頂戴いたしました。

お食事のときには、慶喜公にお仕えしたという、御老女のおすがさん、私が知っている頃は、腰の折れ曲がったお婆さんでございましたが、一色須賀と仰いまして、御一新以前は、千代田城の大奥の御中老でいらしたと伺っております。

第六天町の御屋敷はお玄関を入って、両側にお庭を眺めながら、ずっと進みますと突き当たりが大きな応接間がございまして、次の間を挟んで弟様のお部屋で、そこからは畳廊下で奥に参りますと、十二畳ほどでしょうか、大きなお部屋が三間、お庭に面したお部屋でしたが、おはなし会のときなどはそこにテーブルをお設えになり、そちらでお食事も頂きました。

その奥がお母様のお部屋、そして右の方に喜久子姫のお部屋がございました。御成婚のお話が進みましてからは、奥のお池に面したところに御洋館を御建てになりました。

そのようにお母様は、いずれは宮家にお上がりになる喜久子姫をご大切にあそばし、殊にお慈しみでございました。

徳川公爵家では、それぞれのお部屋のことを、お方《かた》とお呼びでしたのを憶えております。


この一年二ヶ月にわたる長い御洋行からお帰りになりました時、私たちは完成したばかりの新御殿でお出迎えしましたが、妃殿下はたいへんにお綺麗で、お帽子などもパリでお誂えになって、ほんとうに素敵でしたが、私にだけはこっそり、ねえ、やっぱり痩せちゃったのよ、と仰いまして、やはり慣れない外国では心身ともに、一方ならぬ御苦労だったようでございます。

「胴回りなんて、こんなに細くなっちゃって、帰って来たら、箪笥に仕舞ってある洋服なんてみんなブカブカなのよ。」

と苦笑いをなさいました。

戦前のあの頃は、魚籃坂の上も下もすべて、高松宮家の御用地でございまして、御新婚のために建築に取り掛かりました新御殿が、余りに念入りに建てたのでしょう、御成婚に間に合わず、止むを得ず、魚籃坂を上って右手の、現在は住宅が立ち並んでおります、あのあたりに急拵えの借り御殿が出来まして、そこに徳川家からお持ちになりましたお雛さまを、昔風に旧暦で、つまり桜が満開の四月にお飾り遊ばしまして、宮家で初めてのお節供をするから私にも来るようにと、妃殿下からお召しがございましたので、仰せの如くに上がらせて頂きましたら、なんと両殿下がお手をつないで奥から出ていらしたのには、もうびっくりしまして、あら、まあ、って申し上げたことを思い出しますが、ほんとうにお幸せそのもののようにお見受け申しました。

殿下はセルのお和服にお袴で、妃殿下は若奥様風の訪問着をお召しでしたが、徳川家からお持ち越しの、男雛女雛をお飾りの中で、御洋行のおみやげを、今でも大切に持っておりますけれども、小さな皮のケースに入った携帯時計と、カメオのブローチを賜りました。

そういうときの、お召しのお電話は、いつも侍女長からございまして、何時何日に、両殿下のもとへお出でいただきます、というお沙汰なのでございますが、その頃は、小山さんという御年配の侍女長でいらっしゃいました。

後に、妃殿下の晩年までお仕えになり、随分頼りにされていらして、妃殿下が薨去遊ばされました翌年の一月に亡くなりましたた松下さんのことは、高松宮家においでになる方々は御存じでございましょうが、まだその頃はお若くて、お次の間から侍女長の小山さんにお茶をお渡しになっておりました時代のことでございますから、ずいぶん遠い昔の話でございます。

その当時の妃殿下のお楽しそうな御様子は、今でも微笑ましく、お睦まじい両殿下のお姿とともに彷彿と浮かんでまいりますが、それから間もなく、殿下の軍務は御多忙をきわめられ、妃殿下も皇族としてのお勤めを、貞明皇太后様に御相談あそばしながら、殿下のお留守をお守りになっていらっしゃいましたが、ここに御心配なことは、お母様がご入院遊ばされたのでございました。

**妃殿下**　それは、昭和八年四月の花の咲く頃でした。宮様は軍艦「高雄」に乗り組んでいらして、たまたまその艦《ふね》が佐世保の港に入ることになったの。かつて今まで一度もそういうことはなかったのですけれど、思いがけず宮様から「佐世保に来い」

とのお言葉をいただき、佐世保の「池月」という旅館に参りまして、そこで宮様と数日滞在いたしました。

宮様はこの旅館から艦に通っていらしたのです。水兵さんがそこら中歩いている佐世保の町に桜がいっぱい咲いていて、「ああ、きれいだなあ」と思ったり、また「高雄」が連合艦隊と一緒に出港していくのを見送ったりしました。それから私は熊本へ回ったのです。

そこへ東京から電報が参りましてね、「母が病院に入った」と。

よくわからないので、すぐさま東京へ帰り、東大病院の塩田外科にかけつけました。その時にはもう全然食べることもできないし、寝返り打つのが大変だったり、水くらいしか飲めなかった。それで、私は大変に驚きましてね。まだがんということは知らなかったのですが、見舞いに参りますとね、母が「あなたはお嫁に行った以上は、しっかりと家を守らなければならないのに、たびたびの見舞いは私が宮様に対して申し訳ありません」と言われました。

私が兄弟姉妹の中では一番年上で、数え年の二十三でした。母は四十三で、私と二十違っていたのですよね。だんだんと病状が悪くなっているらしくて、胃から出るのかしら、どす黒い血を吐くのです。どうなっちゃったのだろうと心配しておりましたら、塩田広重先生が手術なさって、べったり腸に何かついていたとのことでした。名前は播種性何とかって、どうしようもないというので、そのまままた閉めておしまいになった。

ところがそれを知らぬ当人は「手術をしたのだから、これで私は治るのだ。家へ帰ったら、あれをしよう、これをしよう」と言い出しました。

一方では、先生が私に「とにかく、ご遺言を伺っておくように」と言われまして、それで私はこれは大変だとドキンといたしました。

「いくら何でも、娘として母親に遺言などは聞けません」と言って断ったのですよね。それでも旧臣の誰かが伺ったらしいのです。

弟は東大に入っておりましたし、二人の妹は私と十と十一違うので、子供だったのでね、度々はお見舞いにはこられなかった。それに母には兄弟もだれもいない。栽仁《たねひと》王というお兄様が一人いらしたのですけれど、兵学校の時に盲腸炎とかで亡くなっていらっしゃるのですよ。（中略）それでね、お医者様からは「この夏までは持たないでしょう」と聞かされました。その時は四月だったのですよね。

ところが夏どころじゃないんです。私が九州から帰ってきてから、大体十日ぐらいで、四月の二十五日に亡くなったのよ。だから私は本当に驚いてしまってね。まだ大丈夫でいらっしゃると思い込んでおりましたから。

（中略）また決して痛いって言わない方だから。なにも知らない私はその四月の始めだったか、お雛様をうちに飾ることになって、ぜひいらしてちょうだいとお願いしたんですよね。「うちの者でわかる人がいないから、お飾りのお指図を」と。その時ちゃんと来てくださったのよ。後から聞いたら、大変な無理をして来られたんですって。（中略）私も悪いことをお願いしちゃったと後で思いましたけれど。

私が一番上でしょ。あとは家来ばかりですよね、女中とか、表の人（渉外、事務）とか、家扶（表の人の一職種）とか、奥の人（家族の身辺の世話）がいてもどうにもなりません。そのひどい病気の間でも、父の兄弟が見舞いに参りますとね、「誰々さんからあそこにカステラがもらってあるから、あれをお出しして」などとお指図があるの。もう本当に私は悲しくてね。泊まってでも看病したいと思っているのに、「あなたはとにかくおうちにお帰りなさい」って叱られますしね。弟が来ると、「あなたは勉強しているのだから、ここにいてはだめだ」などときつく言われるし、もう本当に困っちゃって、本当に悲しゅうございました。（中略）

それで（佐世保にいらした宮様が）御歌を下さったのですよ。

なぐさむるすべなかりけり八潮路《やしおぢ》をへだてて千々《ちぢ》に心くだけど

遺憾なく看護をつくせ、という電報をいただいた。私は、母に見せるわけにはいかないし、それを握って泣きました。殿下は本当に心配して下さったのですけれどね。

（中略）

私ね、その時に、がんの患者さんに役立ちたいと思ったのです。

『CANCER』第二十八号（平成十年三月十五日）

妃殿下のお母様《たあ》が御病気のときは、私もお見舞いに上がりましたが、妃殿下は本当にご心配でいらして、そして、ふっと、短期間で、お母様の癌が進んでしまいまして、病院から御報告申し上げる御病状がおよろしくないので、妃殿下のご心痛は、そばで見上げておりましても、まことにお可哀そうでございました。

妃殿下はお父様のときも、お母様のときも、ほんとうにそのような悲しい思いを人一倍、ご体験あそばしましたのに、それでも御自分がしっかりしなくては、というお覚悟で、それには弟様や妹様方がいらっしゃいましたから、その御家族の為にしっかりしなくては、というお気持を常にお持ちでございました。

それでも、今思いますと、妃殿下が二十歳を過ぎたばかりのお若さの頃のお話で御座いますから、じつにお見事でご立派でございました。

最愛のお母様を癌に奪われたことを、非常にお悲しみになりました妃殿下は、この翌年の、昭和九年に長与又郎博士を御殿にお呼びになり、キューリー夫人が発見したラジウムが癌に効くそうだからそれを用意するようにと、五千五百円を癌研に賜りましたが、この時以来癌征圧の御意志はつねに御心に掛けられ、長い戦争をはさみまして、昭和二十八年のなでしこ会の発足に繋がるのでございます。

　この頃から、日本を取り巻く国際情勢は一段と厳しさを増し、両殿下の御心痛は勿論のことでございますが、私共の周囲もにわかに騒がしくなって参りました。

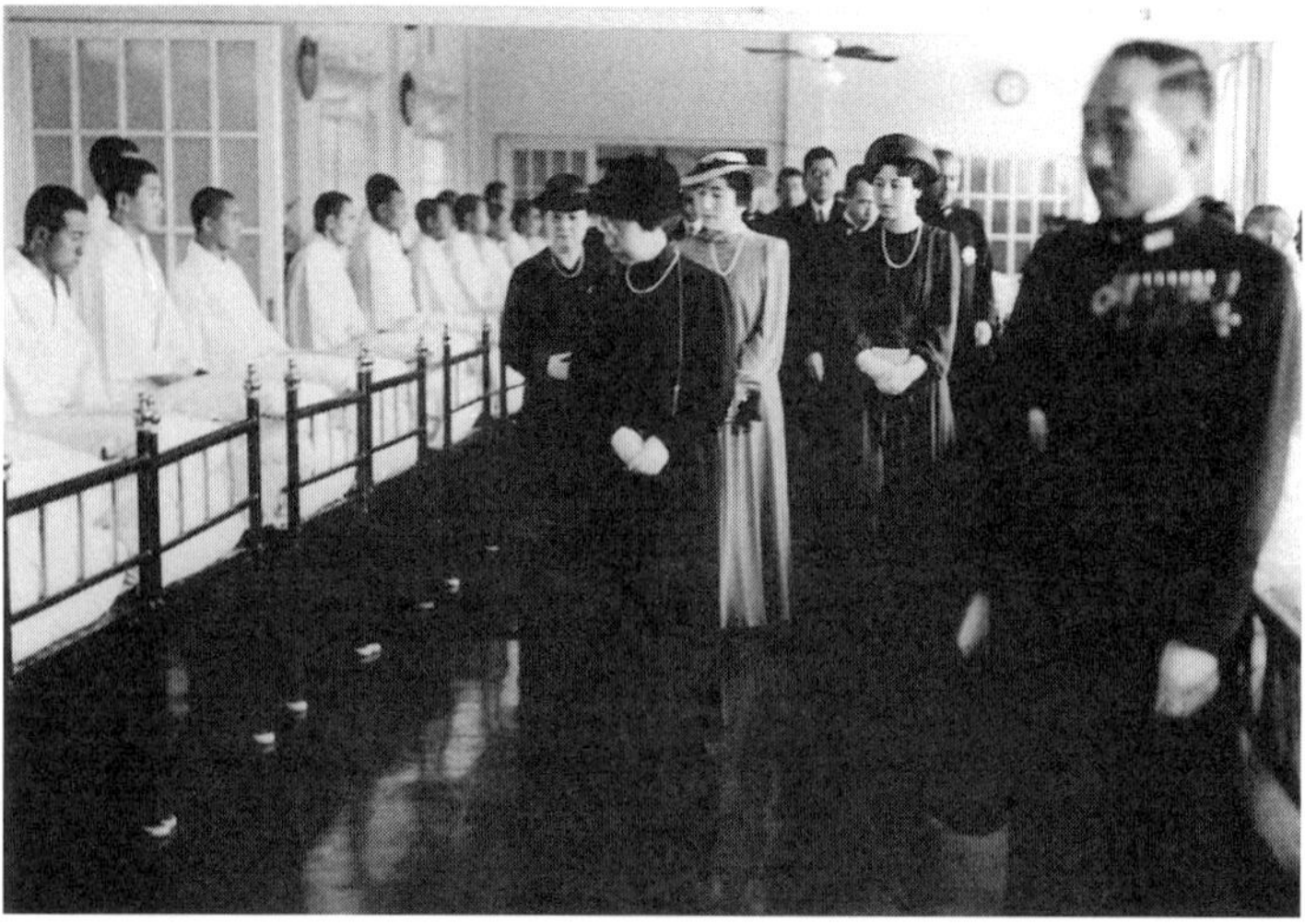

貞明皇后様、秩父宮妃殿下とともに横須賀海軍病院へ
傷病兵を見舞われる（昭和１７年６月）

戦時中、宮中にて皇后様と包帯巻きをされる妃殿下

# 第四章　国難を乗り越え

## 伯父、牧野伸顕

昭和十一年二月二十六日、母方の伯父である牧野伸顕が湯河原で襲われました。

その数日前まで、私は伯父に誘われまして、牧野の長男で、当時外務省に勤めていた伸通の所に鍋島家からお嫁に来たお嫁さま、純子《すみこ》さんと一緒に、伊藤屋旅館の別館の光風荘に御供致しておりました。この牧野純子さんは、戦後に東宮女官長として美智子皇后陛下にお仕えしましたが、牧野に来るまでは鍋島家のお姫様で、それこそ女官長になった時に、はじめて靴を履くのに苦労したという古風な女性でした。

純子さんと私は、義理の従姉妹というだけではなく、研精会のお長唄などを御一緒に御稽古しましたりして仲良しだったものでございますから、よく牧野の家に泊まったりしておりまして、あの頃まではまだ世の中がのんびりしておりましたから、湯河原の伯父の逗留先にも、純子さんと二人で御供をして十日ほど伯父と一緒に過しまして、私達二人が東京に帰って来てすぐ後に、二・二六事件が起こりました。

その日から、牧野の伯父の消息は絶たれまして、もう暗殺されたんじゃないかと親戚の間でも申しておりましたが、何にも分からなくて、伊藤屋旅館に聞き合わせますと、裏山にお逃げになった筈だと申すばかりで埒が明きません。

それが後から分かったのですけれども、宿に兵隊が踏み込んだという時点で、皆川さんという巡査の方が、すぐお逃げ下さい、と伯父の部屋に知らせに来たので、その直後宿の玄関をお出になったところで、皆川さんは将校たちに撃たれて即死なさったそうです。

皆川さんの知らせを聞いた伯父が川に面した庭に出ましたら、裏の崖にもう消防団が駆けつけて迎えに来てくれて伯父を引上げて、負ぶって行こうとしたところへ、川の向うの大きな岩の上から兵隊がピストルを撃ったんですね、そうしましたら下から抱え上げていた消防団の人の腕を貫通して倒れられたそうです。それを見て、伯父が倒れたと思ったらしく、撃った兵隊が旗を振ったので、将校たちもさっと引上げたその隙に、別の消防団の人に伯父は背負われて、それこそ炭小屋で一晩明かして、それからそれへと護衛の人に連れられて匿われていたそうです。消防の方達のお陰様で伯父は助かったわけでございます。

それから一箇月ちょっと経ちましたある日、牧野の伯母から、私の家へ連絡があり、明日いらっしゃいと言われましたので、それで母と一緒に牧野へ参りますと、伯父がはじめて帰ってきて母と抱き合って泣きましてね。そばで見ておりましても、兄妹の愛情というものはこうしたものかと思いました。

牧野伸顕の身代わりとしてお亡くなりになった警察の皆川さんや、重傷を負われた消防団の方のおかげさまで、伯父は命拾いをしたと感謝しておりました。

あのときは、斎藤実さんも高橋是清さんも皆さんお亡くなりになってお気の毒でいらっしゃいましたね、牧野の伯父は奇跡的に湯河原の人たちに助けていただいたわけです。

母の一番下の弟で、東京銀行の頭取をしておりました大久保の叔父のところに、高橋さんの一人娘が嫁いでおりましたので、あの時の叔母はとても気の毒でした。

いま思いますとテロでございますからね、私の周囲の親戚が標的になっていたわけでございましたが、私などはそのようなことは、全くその様に思いもしておりませんでしたし、それは牧野の伯父も同じだと存じますよ、だって、湯河原へ、私や純子さんや、孫の和子さんを呼んでおりますんですから。

それから随分長く、牧野の伯父は渋谷の神山に住んでおりましたが、ついこの間も、あのあたりを車で通りかかりましたら、その頃の牧野邸の塀が残っておりますの、たいへんに懐かしく思いました。

牧野の伯父の長女の雪子さんが、吉田茂さんのところへ嫁ぎましたが、わりに早く、昭和十六年に大塚の癌研で亡くなりました。

私の母のことを吉田さんがたいへん大切にして下さいまして、雪子さんがお亡くなりになりましてからも、私たちは小りんさんと申しておりました喜代夫人がじつに好く出来た方で、なにごとも出過ぎず、行き届いていらっしゃいましたので、母も私も、雪子さんがいらした頃と少しも変わらず、大磯の吉田邸にお泊りに行っておりました。

吉田茂さんが朝からステーキを召し上がりますのには驚きましたが、まことに親切な方で、あるとき、母が大久保の一家が集まる会を作るにあたり、その名称のことで吉田さんに御相談しましたところ、大久保利通の号にちなんで、甲東会とするがいいでしょうと、仰って下さいましたが、この会は現在はあまり集まりもいたしません。

吉田さんには男のお子さまがお二人ありまして、御次男は学究肌でございましたが、御長男の健一さんが、私たちは健ちゃんとお呼びしていましたが、あの御家にしては、ちょっと風変わりで、吉田茂さんも持て余していらした気味がありまして、私の兄が伊集院清三と申しまして音楽家だったものですから、お預けになりましたので、兄が自分のお友達である河上徹太郎さんに健ちゃんを紹介したりなど致しておりました。健一さんは純粋な、じつに良い方で、私も英語を習っておりましたが、困るのはお酒飲みでいらっしゃるから、伊集院の家は誰も飲みませんので、兄は健一さんをはじめ、酔っ払いの文士の方々の介抱をしておりました。

## 岩崎家へ嫁ぐ

私の結婚は昭和十四年でしたが、それまでは母の身体が弱かったものでございますから、兄も姉も独立して家を出ておりましたので、末娘の私が長く、母と二人で暮らしておりましたが、戦争になりまして、東京の暮らしが不自由になるにつれて、母は見る見る丈夫になってまいりまして、山形へ疎開をしますと全くの健康体になり、同級生の間でも、藤子さんのお母様はお弱いっていう印象だったのに、どうしてあんなにお元気におなりになったの、と驚かれたくらいでしたが、九十まで息災でございました。

私が片付きました岩崎の家は、大曲《おおまがり》の一寸先の坂を上った高台の、秩父宮勢津子妃殿下のお里の松平家の御屋敷の並びでしたが、そこから偶然、小石川の谷越しに、あの懐かしい第六天町の徳川公爵家を望むことが出来まして、しかもかつて喜久子姫がお過ごしになられたあのお部屋も見えるのですもの。もうその頃の徳川邸は大蔵省の官舎になっておりましたが、隣り組の安藤さんが、また偶然にも徳川公爵家の別当でいらして、私を見るなり、あっ、伊集院さんだ、とおっしゃいましたので、今は岩崎よ、などと言い返しましたことを、すぐに高輪の御殿に上がって、妃殿下に申し上げましたら、あら、縁だわねえ、なんて仰っていらっしゃいました。

それから間もなく、東京の上空に敵機が見え隠れし始めましたので、栃木県の藤岡に疎開致しました。

と申しますのは、岩崎の家は藤岡の旧家でしたが、主人の父の清七は、明治の頃に福沢諭吉翁の紹介でイエール大学などで留学して実学を学び、帰国後は磐城セメント、日清紡績、日本製粉、東京瓦斯等の創業に関わりまして、ですから、私が岩崎の嫁に参りましたときには、ガスの冷蔵庫がございまして、私、こんなものが世の中にあるのかと思いましたね。岩崎の兄の長男が今でも私に協力的で、毎年、高松宮妃癌研究基金に寄付をしてくれますし、従兄弟たちが集まりまして、岩崎会を銀座の交詢社でいたしております。

私が岩崎の嫁になりました頃、義父は商工会議所の副会頭でございましたが、代々醸造業を営んで来た家ですので、その頃はまだ醤油会社を持っておりました。

その田舎を妃殿下がお気に召しまして、これから行くわよ、と仰いますので、東京から遠いし、田舎でございますから、と申しましても、平気よと御自分で御運転あそばして、故障があった時の用心でしょうね、その頃は必ず助手席に日産の課長さんが同乗していました。それで遥々お出ましになり、あちらは海が遠いので、鯉こくなどの川魚ばかりですが、妃殿下はそれがお好きで、よくお出ましになりました。

### 慰問袋

それまでは、義父が持っておりました醤油会社など、正直申しまして、私は意識もしておりませんでしたが、これが物のない非常時には助かりました。

醤油の原料は圧搾大豆でございますね、これを搾ると油が出る、その後のものが醤油でございますから、醤油も不足していた時代ですから、あちこちから希望がございまして、その当時バーターって、今の方は御存知でしょうかしら、そんな言葉を私もおぼえましたけど、お豆腐屋さんに大豆油とメリケン粉を渡しますと、がんもどきを拵えてくれました。

これを妃殿下に申し上げましたら、この非常時に珍しいし、皇太后様に御目に掛けたいから少し作って持って来て、そう仰いますから、すぐに誂えて御殿へ上がりまして、こんな粗末ものを皇太后様に献上しましても大丈夫でございますかと申しますと、あなたのように地方に疎開している人は分からないだろうけど、東京に住んでいると、ずいぶん食べ物には苦労するのよ、との仰せで、それからお沢庵、しかも妃殿下は古漬けがお好きで、田舎では大きな石で漬けておりますから、いくらでもございますが、それも皇太后様に御目に掛けたいから持って来てという御催促で……当時は宮家でもそんな御事情でございました。

本当の意味で、国民と共に御苦労を積極的に御経験あそばす両殿下でした。そして妃殿下は特に貞明様に本当にお尽くしでございました。

醤油なども妃殿下はお喜びで、東京からお友達を三人くらい御車にお乗せになって、よくお出ましになり、醤油のおかげさまね、などと仰いましたことを憶えております。

なにごとも不如意な時代で、先ず食べることに苦労を致しましたが、私は小さいときから食いしんぼうでございましたから、醤油とバーターで手に入れましたメリケン粉を捏ねまして、七輪で食パンを焼いたり、クッキーを焼いたり致しましたが、これがなかなか美味しいのでございます。なんでも工夫が大事だと、そのときも感じましたが、こういうことにも遺伝があるのでしょうか、次女の岩崎泰子は料理研究家になりました。

両殿下ともに日本の国の為のことを思し召すばかりでございましたから、大東亜戦争では人知れぬ御苦労をあそばしました。

今の時代にああいうお方様がおいでになったらと、つくづく思います。そうして、昭和天皇様のことをいつもお思いになりましてね。

このあたりの御事情は、私が申すようなことではございませんが、当時の両殿下の御苦労の程は、殿下が薨去あそばしたお後に、それこそ周囲の反対を押し切られまして、妃殿下の強いご意思のもとに御刊行あそばしました『高松宮日記』に偲ばれます。

当時、私は藤岡に疎開しておりましたし、妃殿下も葉山の御別邸にお出でてございましたが、それでも御一緒に時々慰問袋をお作り致しました。

空襲を避けながら高輪の御殿へ上がりまして、宮家でお作りになると申しましても、ものの無い頃ですから、ごく普通のものを、それこそ便箋ですとか鉛筆、それから日持ちのするキャラメルやおかきでございますが、妃殿下もお手づからお入れあそばして、さらに一言、何か書いた手紙を入れなさい、との御指示がございまして、ご自分でも流麗な有栖川御流で、まさかお名前まではおしるしにはなりませんでしたが、その時々のお気持ちをお手紙にお書きあそばしました。ですから、この慰問袋を配られた兵隊さんたちは、妃殿下の御手跡とは知らずに、励まされていたわけでございますが、妃殿下はそういう面も、まことによくお気付きになり、何をあそばしても、人の為お国の為とのお心の籠もったおはからいをあそばしました。

## 幼稚園を開く

昭和二十年、私の誕生日の五月二十五日に、藤岡から遠く、東京の家が焼ける真っ赤な夜空を見ました。

そのときに東京の私の家もまる焼けで、お蔵も落ちまして、アルバムとか手紙とかの大切な思い出のしるしは、ほとんどこの日に失いました。

終戦から二年ほどは疎開先の藤岡に居りましたが、そこの子供たちがあまりにもお行儀が悪いでございますよ、人を見るとすぐにアカンべーとかね、これじゃ仕方がないじゃないと思いまして、近所のお子さんを集めまして、庭で歌を歌いながら、七輪で焼いたクッキーを小さな袋に入れてお土産にあげましたら喜びましてね、だんだん遊びに来る子供たちが増えるようになりました。

そこで学校の近くの畑を交渉しまして買い取り、我が家の工場で抱えておりました大工に頼んで、掘っ立て小屋を建て、そこで幼稚園を開きまして、先生にも篤志家を募って、親御さんからはあまり月謝を取らないように致しまして、とにかく子供さえ好くなれば、という気持で続けておりましたら、だんだんと子供たちも数も増えまして、それが実を結び、やがて町立の幼稚園になりましたことは、やはりうれしいことでございます。

それからは、子供たちの情操のために何をしたら好いかと真剣に考えまして、ちょうどその頃、常磐会のバレエの先生のお弟子さんに交渉しまして、藤岡にお迎えしまして、幼稚園の一室を稽古場にしましたこともございました。

栃木県の藤岡は東武線で、東京から一時間くらい掛かりまして、栗橋の次の駅でございます。もうその頃には、電車のなかで子供たちが私を見付けますと、あ、園長先生だ、って申しまして、もうアカンベーはしなくなりました。

幼稚園のことはもう御一方、作り酒屋の奥様をお誘いしまして、その方が引き受けて下さるというので、後からは、私は式典の時に顔を出すくらいでしたが、その式の時に、私はそういう晴れがましいことに慣れておりませんからね、壇上のマイクの前で、もしもし、と言って仕舞いまして、今でも娘が思い出して笑いますけれども、色々な経験を致しましたと存じます。

また戦後すぐのその頃に殿下の御紹介で、雅叙園のホテルのなかでお店も致しましたが、商売は向きませんでした、やはり自分のために働くよりも、世のため、人の為というのが楽しくて、甲斐がございますものね。

終戦で世の中が変わり、私も四十近くになりまして、妃殿下のお導きで、外の空気に触れながら、世の中のために働くことをさせていただくようになりまして、毎日がそれこそ充実いたしまして、本当に幸せでございました。

# 第五章　なでしこ会と癌研究基金

## なでしこ会

あれは、昭和二十七年頃でしょうか、戦後の混乱が、やや落ち着いて参りました頃でしたが、妃殿下から私へ御相談がございまして、と申しますのは、今度の戦争では多くの尊い命を失い、ようやく平和な世の中になったけれども、癌というものがあるかぎり、これで失われる命の悲惨と、家族たちの悲劇は終らないから、どうしても自分はこの人類の敵を撲滅したい、ついてはその活動を広げるために、先ず、私たちで立ち上がらないか、という思し召しでございました。

妃殿下のお母様が、四十二歳というお若さで、お苦しみの上で急にお亡くなりあそばしたことを、私もお近くで見ておりまして、その御意志は長い間、お持ち続けていらっしゃったことも、よく存じておりましたから、では、クラス会で仰せになったら宜しいでしょうと申し上げまして、昭和二十八年に女子学習院の四十二回卒業の同級生たちをお招きになり、御殿のお茶室でクラス会をあそばされました。

その席で妃殿下が同級生たちに、みんなも子育ても終った年頃になったのだから、世の中のためになることをしようじゃないか、とお呼び掛けになり、みんなも賛成申し上げましたので、その場で決まりまして、妃殿下のおしるしにちなみまして「なでしこ会」としまして、私が長いこと妃殿下とお親しくさせていただいておりましたので、先ず妃殿下から幹事をやってくれとお頼まれ申しまして、岩倉良子さん、清水桃子さん、東郷英子さん（一年半後に斉藤芳子さんに代わられる）と私の四人が中心になって発足したのでございます。

その手始めは、クリスチャンディオールのファッションショーでございまして、東京會舘を借りまして、おかげさまで盛況でございました。

さあそれからは、音楽会はする、観劇会、映画会など、あらゆる催し物を自分たちの手で致しました。それまで外で働いたこともない私たちが、このような催しものを、今から考えますと、大変だったのではないかしらと、自分のことながら、不思議な気がいたしますが、当時は妃殿下のお指図に従って無我夢中でございますからね。切符の手配から、何から何まで、みんな自分たちで、何がはじめおぼえられないって、入場税でございましたけれども、あれも自分たちで、切符に一枚一枚、税務署に参りましてスタンプを押しました。

バザーの時などは、展示場のほかに食堂も用意しまして、仕入れも自分たちで、それこそ私もコロンバンへ交渉に参りまして、洋菓子を安く仕入れまして、そして当日は紅茶を入れたり、サンドイッチを出したり、そういうお給仕も私たちで全部いたしました。

もちろん御来場のお客様からはお代を頂くんでございますよ、料金表も書き出しましてね、そういう売上もばかになりませんから。

これが「なでしこ会」のチャリティーの一覧です。どうぞご覧下さい。

昭和二十八年　十一月二十八日　ファッションショー・クリスチャンディオール
後援・エアフランス　会場・東京會舘　寄付先・(財)藤楓協会　六十七万円
昭和二十九年　五月十三日　バックハウス　ピアノリサイタル
後援・毎日新聞社　会場・共立講堂　寄付先(財)癌研究会癌研究所　九十万円
昭和三十年　一月二十六日　映画会・「夜の来訪者」原作・プリーストリー
後援・東和商事　会場・第一生命ホール　寄付先・日本人全国未亡人協会　十万円、フィリピン未亡人歓迎会　六十万円

昭和三十一年一月十三日　観劇会・文学座「ハムレット」　主演・芥川比呂志
後援・朝日新聞厚生文化事業団　会場・東横ホール　寄付先・朝日新聞構成文化事業団
二十六万三千四百五十円、(財)癌研究会癌研究所　十三万円
昭和三十一年四月二十三日　ウィーンフィルハーモニーオーケストラコンサート
後援・朝日新聞社　会場・東京宝塚劇場　寄付先・(財)癌研究会癌研究所　二百三十万円
昭和三十六年一月二十六日　舞踊公演・インドネシアガメラン楽団
後援・朝日新聞社　会場・共立講堂　寄付先・(財)癌研究会癌研究所　百万円
昭和三十六年十月二十四日　イタリアオペラジョイントリサイタル
後援・NHK　会場・東京文化会館　寄付先・(財)癌研究会癌研究所　三百万円
昭和三十七年十月十四〜十五日　有田焼展示即売会
会場・光輪閣シルクギャラリー　寄付先・(財)癌研究会癌研究所　二十万円
昭和四十年四月五日〜六日　有田焼展示即売会
会場・光輪閣シルクギャラリー　寄付先・(財)山極記念財団　三十万円
昭和四十一年　七月十四日　ルビンシュタインピアノリサイタル
後援・読売新聞社　会場・武道館　寄付先・高松宮妃癌研究基金(設立準備中)百五十万円

なでしこ会のチャリティー収益金で布団３６３枚を購入し藤楓協会へ寄贈
中央に妃殿下と岩崎（昭和２８年１２月）

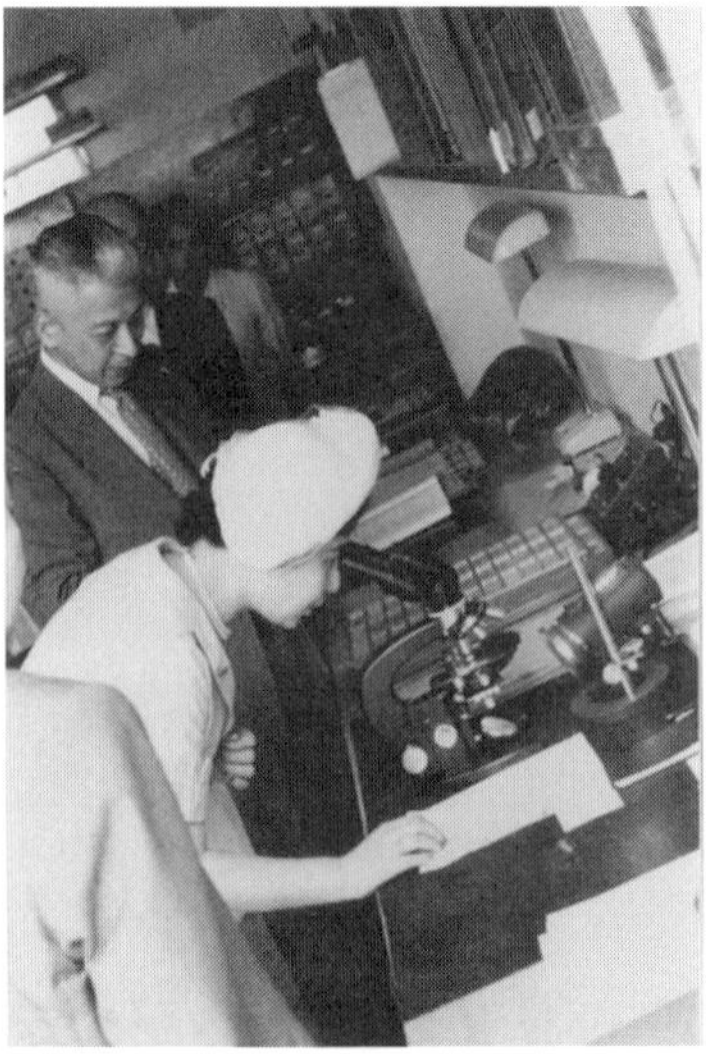

癌研究所をご視察の妃殿下
（昭和２８年７月）

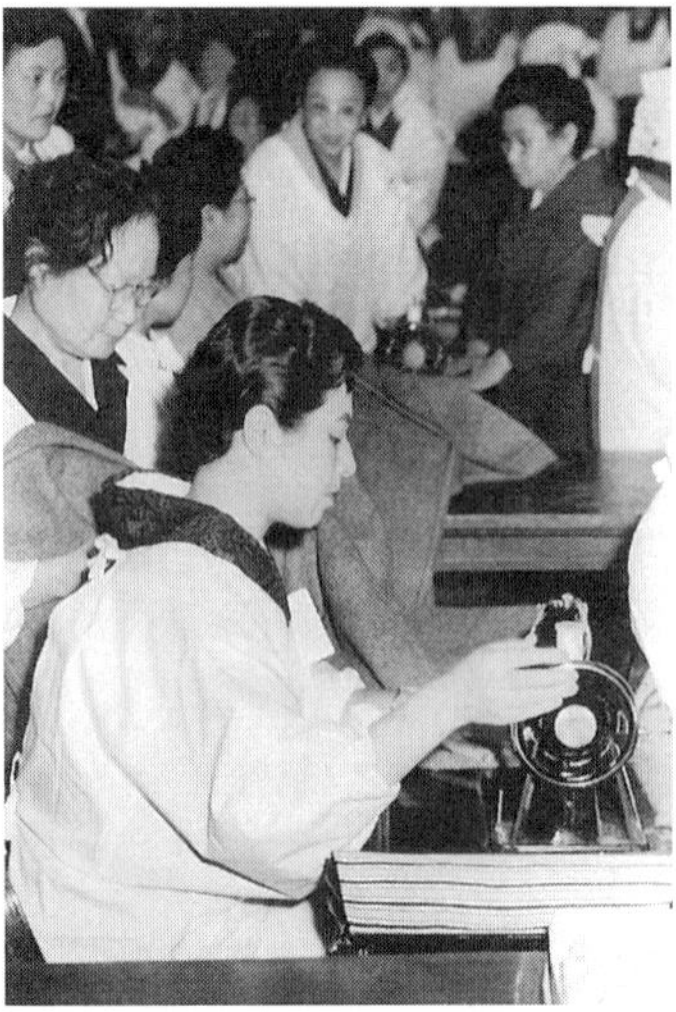

台風による水害救恤品
奉仕のためミシンをかけ
られる妃殿下（昭和３３年１０月）

昭和四十一年九月　バレエ公演・ノボシビルスクバレエ団
後援・読売新聞社　会場・東京文化会館　高松宮妃癌研究基金（設立準備中）百万円
昭和四十一年十月二十八日〜十一月三日　松籟大茶会
後援・読売新聞社　会場・小田急百貨店　寄付先・高松宮妃癌研究基金（設立準備中）百万円
昭和四十一年十一月十一日　ベルリンオペラ歌手ピラールローレンガリサイタル
後援・朝日新聞　会場・日生劇場　寄付先・高松宮妃癌研究基金（設立準備中）
二百三十一万八千五百七十六円
昭和四十二年四月十九日〜二十日　陶器及び漆器展示即売会
会場・光輪閣シルクギャラリー　寄付先・高松宮妃癌研究基金（設立準備中）七十二万三千円
昭和四十二年六月二十六日〜七月一日　桃山茶道名宝展
後援・読売新聞社　会場・銀座松坂屋　寄付先・高松宮妃癌研究基金（設立準備中）四十万円
昭和四十二年九月十九日　イタリアオペラジョイントリサイタル
後援・ＮＨＫ　会場・東京文化会館　寄付先・高松宮妃癌研究基金（設立準備中）二百万八千三百十円
昭和四十四年四月二十三日　トロントオーケストラ　指揮・小沢征爾
後援・読売新聞社　会場・厚生年金会館　寄付先・（財）高松宮妃癌研究基金　二百万円

昭和四十四年五月二十七日〜二十八日　陶器及び漆器展示即売会
会場・光輪閣シルクギャラリー　寄付先・（財）高松宮妃癌研究基金　二百六十二万六千九百七十二円
昭和四十六年三月二十六日〜二十七日　陶器及び漆器展示即売会
会場・光輪閣シルクギャラリー　寄付先・（財）高松宮妃癌研究基金　百万円
昭和五十年六月十一日〜二十二日　陶器及び漆器展示即売会
会場・古流アカデミー　寄付先・（財）高松宮妃癌研究基金　百八十万円
昭和五十二年六月十五日〜十六日　陶器及び漆器展示即売会
会場・古流アカデミー　寄付先・（財）高松宮妃癌研究基金　三百万円
昭和五十四年六月五日〜六日　陶器及び漆器展示即売会
会場・古流アカデミー　寄付先・（財）高松宮妃癌研究基金　二百五十万円
昭和五十六年六月十日〜二十日　陶器及び漆器展示即売会
会場・古流アカデミー　寄付先・（財）高松宮妃癌研究基金　三百六十万円

ずいぶん致しておりますね、内容もあらゆる方面に及んでおります。私の三番目の兄が学習院から音楽へ行って外国でピアノを習いまして、当時の帝国ホテル演芸場でリサ

田中良画伯ご考案の
なでしこ会のマーク

初夏の候皆々様には御機嫌よく御過しの事と存じ上げます
去る四月廿三日ウィーンフィルハーモニー慈善演奏会を開きましたところ多大なる御援助いたゞき盛大に終る事が出来まして誠に有難う御座いました
此の度得ました純益金弐百参拾万円は癌研究施設の為に癌研究所に寄贈させていたゞきました事を茲に御報告申上げ会員一同より厚く御礼申上げる次第で御座います

昭和三十一年五月

なでしこ會

なでしこ会よりのお礼状

ご来場の皆さまへ

なでしこ会について

なでしこ会は高松宮妃殿下が会長となられ学習院同級生一同で組織する任意の団体でございます妃殿下の社会のために役立ちたいというご趣旨に沿って昭和二十八年に組織されており度々慈善音楽会等を開き癌研究機関に寄与してまいりました
この陶器漆器の展示会も数回にわたり一年おきに実施して参りました
昭和四十三年財団法人高松宮妃癌研究基金設立以来すべてこの財団にご寄附を続けております皆さまこの趣旨にご賛同いただきまして今回も亦ご協力お願い致します

「陶器漆器展示即売会」の会場入口に掲げられた
なでしこ会の趣意書

イタルを催したりしておりました音楽家でございまして、近衛秀麿さんと御一緒に桐朋を始めるときに色々お手伝いをさせていただきました関係で、小沢征爾さんもちょいちょい兄に御相談をなさっておりましたが、そんな御縁で小沢征爾さんの音楽会を致しましたところ、たいへんに皆さんお喜びでございました。

興行会社がなさるような会場の設定、広告取り、プログラムや入場券の作成などの実務もすべて、私たちの手でやり遂げました。

もちろん、新聞社から大変親切にしていただきましたので、最初は毎日新聞、そのうちに読売新聞の事業部長が賛同して下さって、出演者との交渉などは手伝って下さいましたけれども、そのほかのことは全部、私たちで。というのも、少しでも資金を貯めたいものですから、経費の掛からないように事務所も置かず、人も雇いませんでしたから、「なでしこ会」の会員ですべてのことをいたしました。ですから、当時は朝から夕方まで、妃殿下のご熱意に導かれるままに、家を外に走り回っておりました。

当時の主婦には門限というものがございましたでしょ、ですから夜には掛からないでございますが、毎日出かけておりましたので、時間の余裕がなく、いまだに無趣味でございまして、お恥かしい限りでございます。

でもそのおかげさまで健康にもなりまして、今の歳まで元気で暮らすことが出来ているのだと感謝致して居ります。

実際、世のなかのために働くということは清々しい気持がしますし、毎日が楽しくて、楽しくてなりませんでした。

それまでは主婦でございますから、外で働いたこともございませんでしたが、妃殿下のおかげ様で無我夢中で何事に付きましても、どなたかに御指導を仰ぐという余裕も時間もございませんので、目先のことを何とか片付けて、必ず実を結ばせませんとなりませんし、なにもかも自分たちの手だけでやり遂げましょうと最初に決めましたので、「なでしこ会」を立ち上げましたときは、今から思えば四十近くで、決して若くも御座いませんが、とにかく無我夢中でございました。

会をする度に、売上が楽しみで、これが世の中の人たちのお役に立つと思いますと、まことに張り合いがございましたね。どれほど忙しくても、苦労なんて、少しも思いませんでした。

その売上を中原先生の癌研へ寄付をしながら、基金のために貯めておりました。ただ最初だけ、当時は殿下が藤楓協会の、今はハンセン病と申しますが、その活動の総裁をしていらっしゃいましたので、そちらの施設へも布団を、忘れもしない三百六十三枚を寄贈致しましたし、他のチャリティにも寄付をしておりました。

読売新聞の事業本部長の村上徳之さんという方が、本当に妃殿下のご崇拝者でしたから、「なでしこ会」についても読売はじつに好意的でいらして、社内に妃殿下の財団を設立されてはとのお申し出もございましたし、また癌研の方からも、なでしこ会を癌研の中に置いてお世話いただくような御提案もございました。

## 財団の設立

私たちは毎日のように会合を開きまして、いかにはからうべきかの相談をしておりましたが、妃殿下から私に、共同通信社の松方三郎さんに御相談するようにとのことでご

インドネシア・ガメラン楽団のなでしこ会チャリティー公演を
皇后陛下（香淳皇后）はじめ各宮妃殿下がご観覧される
（昭和３６年１月２６日、神田共立講堂）

同チャリティー公演の純益を癌研中原所長に
ご寄付になる妃殿下（同年２月１日、光輪閣）

「高松宮妃癌研究基金」による第１回学術賞・助成金受賞者
決定の学術委員会　（昭和４３年１０月３日）

『婦人倶楽部』（昭和４３年８月号）特別座談会
「癌撲滅にご尽力の高松宮妃殿下」打合せ写真

ざいましたので、御自分の御使命として一生掛けて貫きたいとの妃殿下の思召しを持って、松方さんのところへ伺いましたことを憶えております。

松方さんはたいへんに磊落な方で、又それだけに御提案も明確でございまして、「妃殿下が独自に財団をお作りになることが大切です。設立については、茅誠司先生（元東大総長）と武見太郎先生（日本医師会会長）に御相談なされば宜しいでしょう。」とのことでございましたから、これを妃殿下にお伝え申しまして、茅、武見の両先生に学術面の企画を、また森村義行さんに経理面の御協力をお願いすることに決まりました。

私たち「なでしこ会」の幹事四人は、皆様にすべてをお任せして引き下がることを決めておりましたが、会合に御集まりの皆様から、昭和二十八年以来、折角今日まで妃殿下のお手伝いをして来たのだから、やがて出来る財団の理事として、これからも引き続き役目を果たして頂きたい、との御指示があり、また武見先生からは私に理事長をつとめるようにとの御指名がございまして、思い掛けないことに戸惑いながらも、妃殿下の思召しである癌征圧のお為になることならばと心得まして、身不肖ながら、お引き受けすることにしましたのでございます。

この財団を立ち上げるにつきましては、「チャリティで二千九百万円を作りましたので、二千万を基本金にして、九百万を運用財産にします」という書類を作りましてね、当時の文部省に、それこそ日参いたしました。

それで、設立準備委員会が出来て一ヵ月半目の、忘れも致しません、昭和四十三年の四月の二十日に文部省から呼び出しがございまして、本日付けで高松宮妃癌研究基金の許可証を発行しますと言われまして、タクシーの中ももどかしく、御殿に上がって、妃殿下に御報告申し上げながら泣いてしまいました。

最初は御殿の事務所の一室に事務所を置かしていただき、その後、六本木の金谷ホテルマンションの一室を事務所として買い取りまして、高松宮妃癌研究基金としての本格的な活動がはじまったのでございます。

**妃殿下**　最初に岩崎さんの功績があるのですよ。文部省から財団設立の許可を受けた後、大蔵省に指定寄付の指定を頼まなければならないでしょう。「高松宮妃癌研究基金」ていう名称で申請したらね、「そんな個人名の付いているのは故人でなきゃ駄目じゃないか」と言ったのですよ。それをとうとう押し通したの。

**岩崎**　それこそ大蔵省に日参しました。どうしても二億円の指定寄付を取りたくて。その指定がなければ寄付をいただきに回れないんですもの。

**妃殿下**　それでね、岩崎さんと事務局長の大幸シゲ子さんと、とにかく二人で一生懸命に通ってね、とうとう取ったの。次には、二億円をね、十二か月の間に作らなきゃいけなかったの。でも十一か月で集めちゃったのよね。それを持っていったらば、大蔵省はたいへん驚いたんですって。

**岩崎**　何がなんでも集めようと思って、六十位の会社を回ったと思います、関西と東京と。その時、経団連理事の花村仁八郎さんがとても力を貸してくださって、やっと二億円集まりました。それで大蔵省に行ったら、「また何しに来たの」というような顔をされました。「もう出来ました」と申しましたら、「えっ」て言って、「どこでも延期願いに来るのに、本当に出来たんですか」と。それで書類を見せたら、態度が全然違うんですもの。

**妃殿下**　おもしろかったのよね。ふっふっふっ。岩崎さんは大変だったの。一生懸命にやって。

『CANCER』第二十八号（平成十年三月十五日）

このときは私が理事長でございましたから、難しくても、どうしてもしなくてはならない役目でしたので、経団連の副会長の花村仁八郎さんという方が、私の長兄のお友達で、たいへんに御親切にして下さいましたので、指定寄付はどこにいくらお願いするということを経団連とご相談して、書き出して下さいましたので、私が全部で六十六社廻りました。

一年経たないうちに二億円集まりまして、十一ヶ月目に、それまでは大蔵省の若いお役人にいじめられましてね、書類を持って行きますとね、やれ、この字が違うとか、ここはきちんと行間をとか、じつにつまらないことで書き直しをさせられて、そのために日参致しました。そうしましたら、これは本当に妃殿下のお名前のおかげさまで、私は何の力もないんでございますのに、二年間の期限のところを、一年と十一か月で二億円集まりましたので、意気揚々と大蔵省へ参りまして、その役人に御辞儀しますと、延期願いですか、って言いますから、いいえ、もうお金が集まりましたと申しましたら、びっくりしまして、本当ですか、って硬くなって私の出した書類に目を通して、直立不動で、それはおめでとうございます。

それで嬉しくて、妃殿下に逸早く御報告申し上げたくて、タクシーで御殿に向いまして御報告しますと、妃殿下がたいへんに御慶びでございました。

それから、もう一度、あれは昭和四十八年だったと思いますが、今度は一億五千万を集めるようにということが理事会で決まりましたので、私は再び方々を廻り、社長にお会いしたいと秘書に申しますと、あらかじめ御約束をしているにもかかわらず、秘書が本日はあいにく社長は忙しいのでなどと言われることもありましたが、何としても御寄付を頂戴しなければ、妃殿下に申し訳ないと存じまして。

それでもね、妃殿下から、藤子さんは堅過ぎるから、もっとゆるやかにならなければ駄目よ、右にちょっと曲がっても嫌なんだから、って仰られましたこともありました。

皆様、本当に御協力を下さいましたが、中には断られたこともございますし、変に言いがかりを付ける社長さんもいらっしゃいました。女こどもに出来るかい、みたいな顔をされたりしてね。

　どなたも錚々たる方々でしたが、色々な人間性を拝見しました。あなたもお役目とは言いながら、たいへんですねえ、と仰りながら、また何時でも御相談にあずかります、と仰っていただく方もいらっしゃいました。

　あのころは今よりも若くて、と申しましても還暦は越えておりましたが、毎日毎日、あちらこちらの会社や役所を回っておりましたが、ああ、お仕事って好いなあ、ってしみじみ思いましてね、まことに充実しておりましたね。

　うちの息子が五十を過ぎてもうすぐ六十になると申しまして、歳を取って草臥れた、なんて申しますからね、なに言ってんの、私なんか六十の頃には毎日走り回っていたわよ、って言うんでございます。

## 妃殿下の御意志を

　現在の高松宮妃癌研究基金は、ほんとうに妃殿下のまことのお力で出来たものでござ

昭和４３年度第１回学術賞贈呈式（昭和４４年2月２２日、光輪閣）
妃殿下を中心に受賞者ご夫妻、来賓、学術委員の記念写真

第４回国際シンポジウムにて
参加者を迎えられる両殿下
（昭和４８年１１月８日）

同シンポジウムにて
参加者に記念品を贈られる

学術賞贈呈式にて
お言葉を述べられる妃殿下

菅野晴夫先生に記念品を
お手渡しになる妃殿下

杉村隆先生
末舛恵一先生
伊藤正治様（共同通信）

いますね。それから今度、皆様にご寄付を呼びかけましてね、妃殿下のお気持に感動した方々のご寄付で、今日、三十八回のシンポジウムをしておりますけれども、世界でも誰も出来ない、妃殿下でなくてはお出来にならないお仕事だと存じております。

学術委員会という会が作ってございまして、その先生方が方々からの応募を選考しまして、秀でた研究をされた方に学術賞を差し上げまして基礎学と臨床と二名にそれぞれ三百万円ずつ、良い研究の過程に対する助成金二百万円を研究費として十二名の方へそれぞれ差し上げ、きちんとするようにとの妃殿下の最初からの思召しで、使い方の御報告を提出して下さるように決めておりますが、皆様まめによく御報告をして下さいます。

只今は杉村隆先生が、長年にわたり学術委員長としてご活躍でございます。

またシンポジウムというのは、中原和郎先生がご発案で、若い学者の癌研究に対するレベルアップを目的として、海外に呼びかけて二十名の一流の癌学者を集めまして、また日本の学者を十名、それでシンポジウムを三日間致しますので、世界中に高松宮妃癌研究基金の活動は知られております。

**岩崎**　実は、この御殿がお出来になる時に、シンポジウムがとても大事で、そのお客様をお招きしなくてはならないから、という妃殿下のご配慮で、思召しどおりの大食堂ができました。

**妃殿下**　私はね、宮内庁の方を関東閣（三菱迎賓館）にお連れして行って、「食堂とお客間をつなげて大きくしないと、大勢の晩餐が出来ない」と実際に説明したの。責任者の高尾亮一（宮内庁管理部長）という人が設計してくれる前に、ちゃんと私は青写真を作っておいたの。それで納得して、大きい部屋が出来たのよ。

『ＣＡＮＣＥＲ』第二十八号（平成十年三月十五日）

このときに、妃殿下の癌研究の発展のために、東西のシンポジウムの必要性を中原先生に書いてほしいという、妃殿下の立ってのお願いで、これを中原先生が一生懸命に文章におまとめ下さいましたものを私が御預かりしまして妃殿下に御見せしましたところ、ああ、良かった、この書類を宮内庁に見せましょうとのことで、あの大食堂が出来まして、毎年、外国の研究者と日本の研究者が語り合う場所が出来たのでございます。

海外ではこうした妃殿下の御活動を讃えて、フランスのリヨンにございますIARC（国際がん研究機関）本部では、講堂の入口に高松宮妃殿下の御写真を飾り、Princess Takamatsu Memorial Hallとして日々使われております。また、世界でも最大規模であるAACR（米国癌学会）は、創立一〇〇周年記念として妃殿下の御功績を広く世界に顕彰するための事業を発案し、昨年度より高松宮妃癌研究基金との共催で、毎年のAACR年次総会にて「高松宮妃記念講演会」を開催するようになりました。

また学術賞と助成金の授与式のときに、御寄付して下さった方々をお招きしておりますが、これについては、普通の医療関係の財団は、企業が持ったり、薬品会社が援助致しますが、高松宮妃癌研究基金は「なでしこ会」で貯めたお金を元に、あとは皆様からの温かい御寄付でこれだけの活動が出来ているのだから、御寄付して下さった方々を御招きして、経済の許す限り御馳走をして、おひとりおひとりに御礼を言いたい、と妃殿下が仰いましたので、それでは学術賞と助成金の式典を兼ねて、御寄付者をおもてなししましょうということになりまして、以来、一度も御欠席なさることなく、御心を尽して寄付者の皆様御一人御一人に御声をおかけになり、お心の籠ったおもてなしをあそばしました。

皆様から御寄付をお願い申し上げるには、癌が如何に人生の悲劇であるかということを御理解くださるように御説明をしなければなりませんし、妃殿下の少しでも患者や家族を救いたいという御熱意を御汲みいただき、癌研究の進歩のために宜しくと、皆様にも深く深く頭を下げて、お願いを申し上げるのでございます。

ですから癌の研究の発展のために、妃殿下のお力がどれだけ大きかったかということを、今日の高松宮妃癌研究基金に関わる皆さんには、再認識をして頂きたいと強く思うのでございます。

しかし、妃殿下が薨去あそばしてから段々と、その御気持ちが、財団として薄らいで参りますのが、私としてはたいへんに辛く、命の許す限り頑張らなくてはと存じております。

ほんとうに癌は悲劇でございますよね、今でも。この財団を設立致しましたときに、妃殿下と、十年ほど経ったら解決するかしら、などとお話しましたが、とんでもないことで、今日までに国際シンポジウムを三十八回開きまして、この十一月に致しますけれども、ほんとうにこれだけの長い間続けておりますのも、もとは「なでしこ会」の基本金とは申しましても、あとは企業の指定寄付と、そのほかは全国の個人の皆様の御好意でございますから、これは妃殿下の尊い御熱意のおかげさまでございますよ。

この高松妃癌研究基金の母体となりました「なでしこ会」の幹事四人のうち、三人（岩倉さん、清水さん、斉藤さん）がお亡くなり、妃殿下と私だけが残りましたのが九十歳のときでございました。そのとき妃殿下が私の手をお取りになって、

「とうとう二人だけ残っちゃったけど、死ぬまで一緒に頑張ろうよ」

と仰ったお言葉が、今も忘れられないんでございます。

妃殿下も御体調がお優れにならないで、足掛け五年も、御入退院が、本当に御痛々しいことでございましたが、でも、妃殿下が頑張ろう、頑張ろうと、仰っていらっしゃいましたから、私も命ある限り、少しでも妃殿下の思召しに添いたいと存じましてね、ですから私、自分の年齢を幾つって意識したことが無いんでございますよ、毎日が無我夢中で。

御殿での学術委員会のご晩餐（昭和６１年1月１１日）

同年１１月の第１７回国際シンポジウムにて
両殿下と第４代理事長山村雄一博士

# 第六章　高松宮宣仁親王殿下

## 殿下のお人柄

高松宮宣仁親王殿下はお若い頃は海軍でいらして、何事にも開けていらっしゃいましたから、高松宮様の御殿の中では御所言葉などは一切お使いにならず、侍女の方々も、それはご丁寧ではございますが、ごくあたり前のお言葉使いでございました。

そして、日本の皇族は国民とともに在るべき、という御主義をお貫きあそばして、幸いにも御殿は空襲で焼けませず御無事でございましたにもかかわらず、天皇様をはじめ、国民の多くが戦災で家を失ったのに、自分たちだけが広い屋敷で暮らしては申し訳ないとの思し召しで、昭和二十一年に御門の脇の、わずか五十坪ばかりの別当官舎にお移りになりました。

宮家も戦後は税金がございましたから、いろいろ税金のことなど御考慮の上と存じますが、御殿を御幼少時の光宮にちなみ、場所も高輪ということで光輪閣と名付けられまして、実業家が運営する会員制の倶楽部にあそばして、もちろん両殿下も大きい宴会《おきやく》のときにはお使いになりましたけれども、普段は宮家からは独立しておりました。

それから程なくプールの奥に、両殿下はほんの四十坪ばかりの、それこそ小さな普通の住宅をお建てになり、以来二十二年間、その簡素な平屋を御殿としてお過ごしあそばしました。

それから、なかなか出来ませんこととお見上げ申していたことは、御殿の御門の向こう側に、やはり宮家で御所有でした五百坪の広場を　このあたりには公園がないから、と思し召しまして、子供がキャッチボールをしたり、自由に駆けて遊ぶようにと、柵を外して御開放あそばされました。

また、戦争が終りまして、六三制の新教育制度がはじまったものの、土地不足の東京の真ん中には校舎を建てる土地がなく、港区も困っていることをお聞きになり、すぐに御用地の一部を、と申しましても運動場から校舎からおひろびろと、殿下のお名前にゆかりの区立高松中学校が建築されまして現在もございます。

さらに御殿の敷地に戦災者や引揚者の住宅が八十三戸も建てられまして、これも高松宮家の一字を頂いて松ヶ丘住宅と名付けられました。ですから、この御町内の人たちは、高松宮家を拝むように御尊敬し、また親しみを持っていらっしゃいました。

このように世の中の人たちには土地を御解放あそばしながら、両殿下は四十坪ばかりの狭い御殿にお住まいで、宮中晩餐会のおりなどに妃殿下がローブデコルテをお召しになるときも、わずか三畳ほどの御仕舞所（お化粧室）でのお支度でございましたから、まことに不自由をお忍びであそばしましたが、両殿下はいつも晴れ晴れとあそばして、お国の発展を第一に心にお掛けになり、国内外のあらゆる層の人たちと、熱心に御交流あそばしていらっしゃいました。

世の中も次第に落ち着いて参りまして、皇居に新宮殿が完成し、秩父宮邸、三笠宮邸も新築されたのをお見届けあそばした昭和四十六年に老朽化した光輪閣の解体をおはじめになり、二年後に洋風の新御殿を漸くお建てになりました。

それでも、宮家と申しますと、御門には必ず皇警の建物がございまして、訪れる人はそこにいちいち名刺を出して、奥に問い合わせをして通されるという決まりですが、高松宮家だけはそれがございませんでした。と申しますのは、高松宮殿下が、自分らは警察が守らなくても、国民が守ってくれるような皇族にならなければ駄目だ、と、ほんとうに御立派でいらっしゃいましたから、殿下が薨去になってからも、妃殿下は宮様がそう仰せになったから、私も皇警は要りませんと、そのまま御門を通ることが出来ました。それでもいつだか、塀から物を投げ込む者がございまして、それで皇警を御許し下さいと、宮内庁から申し出が再三ありましたが、それでも要らん、そんなに簡単に殺されるものか、ってお断りになりました。それで警察が御門のまん前に交番を造ったのでございます。

ですから、地方へお出ましのときにお供しますときに、東京駅や上野駅などで、悪気ではなく殿下と知らない人が、前を歩いたりしますと、ついお巡りさんがどけどけと払い退けますと　殿下はそのお巡りさんを傍へお呼びなり、そんなことをしてはいかん、そういう差別はするものじゃない、と注意なさっておりました。

そういう御姿を、私などは近くでお見上げ申しますにつけ、国民として常に有難いと存じておりましたが、昭和六十一年の春頃から、殿下がちょっとおもどしになられましたそうで、妃殿下の御指示で直ぐに国立がんセンターの病院長の市川平三郎先生が御覧になり、肺癌に気が付かれましたのでございます。

御薨去

**妃殿下**　それで私は驚いたんですよね。とにかく、「それは手術は出来ないか、照射は出来ないか、何かそういうことは出来ないか」と矢継ぎ早やにおたずねしたら、すべて駄目だと。皆さんがご相談になって、山村雄一先生（高松宮妃癌研究基金第四代理事長）から「対症療法でいきましょう」と言われまして。私は頭、がーんとやられた思いでした。まさかそこまでとは思わなかった。もっと早く能く診ておもらいになればよかったのにね。いつも私が自分のレントゲンを撮りに行く時に、必ず「ご一緒に行きましょう」って申し上げてたのよ。でも「いやだ」と頑としておっしゃるでしょう。仕様がないじゃない。

まあ、戦争でお亡くなりになったと思えば仕方がないけどね。戦後にあれだけのことをおやりになって、戦争で亡くなった人達のことやら、遺族のことやらね。戦災援護会とか同胞援護会でお働きになったということはね、私、本当に考えてみるとね、そういう償いというのかしら。あれだけの人々が戦争で命を失ったのだから、自分はいつ死んでもよいというお気持がおありになったと思う。

妃殿下は、殿下の御不例中は、癌であることを伏せてお出ででございましたが、御薨去あそばしますとすぐ国民に殿下の御病名をお明かしになりました。さらに癌の研究のために必要な解剖についても御意思を貫かれましたことは、妃殿下らしい御判断であるとお見上げ申し上げました。

**妃殿下**　結局は、ご兄弟がうんとおっしゃらなければね。私だけが一人で解剖に賛成したってっていうのでは申し訳ないから。それで、昭和天皇様の所へ伺って、肺がんていうことは早くに申し上げてあったけれど、「万一の時には日本の医学のために、解剖をさせていただきたいと思いますが、私が一人でそういうことをいたしますのはどうかと思いますので、いかがでございましょう」って伺ったの。そしたら、「良かろう」とおっしゃった。一言ですよ。

それから今度はね、赤十字病院に秩父宮妃殿下と三笠宮殿下とお二人でお見舞いにいらしたので、このことをお話して「大勢の人達のために解剖をさせていただきたいと思っているのです」と申し上げたの。そしたらね、「それは当然でしょう。お姉さまが悪く言われるようだったらお気の毒だから、我々がそういうふうなことを言っていると言ってもいい」と三笠宮様がおっしゃってくださった。結局はお三方ともイエス。それで私の心もしっかりと定まりました。遺族っていうのは、大抵はみんなね、「あんなに苦しんだのに、また解剖なんかをするのはいやだ」と思うかもしれませんけれど、私は徹底的に研究してもらう方がいいんだ、ということをつくづくその時思ったのです。（中略）

宮様も扁平上皮がんだけだと思っていたら、結局は腺がんの所もあったとわかったでしょう。だから私、やっぱり有り難いことだったと思う。

**岩崎**　宮様のご病気中、昭和天皇が宮様のお見舞いに何度かいらしたそうでございますね。

**妃殿下**　ここへはお見舞いに、二度お出ましいただいたの。二度目にいらして下さった時に、宮様が「どこかこの近所でおいしいお菓子はないか」とおっしゃったの。

それで考えて、うちの傍の松島屋のお団子にしたの。それを昭和天皇様がおいしそうに召し上がって、お帰りになった。三度目は赤十字病院にお見舞いにいらして下さった。始めは夕方とか夜とかにとのことでしたが、先生が「ちょっとそれでは危ない」と懸念された。つまりお悪かったわけよね。それで、だんだん時間が繰り上がって、十一時四十分だったかしら、確かお昼頃お成りいただいたの。ところが宮様はその前に大変にお苦しみだったのですが、そのうちにおわかりにならなくなってしまったの。そして、そのおわかりにならない所に陛下がいらしちゃった。それで、私、本当に困ってしまって……。陛下もどう遊ばしてよろしいか、おわかりにならないでしょう。でも、このままでは困ると思って、とっさに「せめて、お手でも取ってさしあげていただけましたら」とお願い申し上げたの。それで、陛下が宮様のお手をお取りになって下さって、それがご兄弟の最期のお別れになってしまって、本当に残念なことでした。一時十分だったかしら、お亡くなりになったのは。

**岩崎**　そうでございましたね。がん征圧のために力を尽くされた宮様ががんでお亡くなりになるとは、本当にむごいことでございます。また、その二年後には昭和天皇までも、がんでお亡くなり遊ばしましたね。

**妃殿下**　昭和天皇様はご病気がいつかは治ると信じていらっしゃいました。お医者さんを信じていらしたようです。

**岩崎**　幾日位、ご病床に。

**妃殿下**　随分、お長かったわよ。ご発病になって百十一日目よ。三か月以上ですものね。秩父宮妃殿下、三笠宮妃殿下、それで私と、三人で二度お見舞いに伺いました。初めの時は、まだはっきり遊ばしていらしてね、一人一人に何かしらお話遊ばした。でも次の時には、もう大分お悪くおなりになっていらした。

**岩崎**　でも、お意識はおありになったのでございますか。

**妃殿下**　お意識はおありになったんだけどね、ご病気のせいで独りでにお手が動いちゃう。びっくりしたのよね。それで私は、そのお手をおさすりしてね。他の方は、恐れ多くて触れられないとおっしゃるのよ。私は宮様の時に経験したことですが、お手にさわってさしあげるだけでもお違いになるみたい。陛下のお手をおさすりして、何かそこで少しお話させていただいた覚えがあるの。

**岩崎**　昭和天皇のご葬儀は、とても荘厳でございました。
**妃殿下**　寒かったわね。昭和天皇の「陵誌」について、陛下から「秋篠宮に書かせたい」とのお言葉で、私が先生になって一生懸命お書かせしました。
『CANCER』第二十八号（平成十年三月十五日）

そしてとうとう昭和六十二年二月三日に高松宮宣仁親王殿下は薨去あそばされました。
御葬儀にあたりまして妃殿下のお詠みあそばしました御歌には、共に長の月日をお過ごしになり、辛苦を共に遊ばしました御心が溢れるようにお見受け申すのでございます。

いえがたき病と聞きしその日より　いかにせむかと心まどひぬ

我がうなじ撫で給ひゝ癒ゆる日を　待ち望みけむ君いまはなし

兄宮のすめら帝のいでましを　いかに嬉しくおぼし召しけむ

住みなれし宮居をあとにみ柩は　はふりの庭にいづる悲しさ

おほひたる白布を引けば大勲位　宣仁親王の白木の墓標

などてかくわれを残して逝きましゝと　うつしゑの君に恨みごと云ふ

ひたすらに世の為国のためにとて　つくしましける君にありしを

# 第七章　妃殿下に導かれた九十年

## 妃殿下とのお出かけ

妃殿下は少女時代から読書がお好きで博学でいらっしゃいましたが、茶目っ気もおありになり、お心の広い御性格でいらっしゃいましたから、九十年もの間、お懲りにもならずに、私のような者をおそばにお寄せになりましたことは、ほんとうに夢のようで、もう少しきちんとお仕えすれば好かったと、今になりますと、それはかり思うのでございます。

とにかく妃殿下は御活発で、ことに御運転がお好きで、私にお客になれって仰って、後ろにお乗せになりまして、同級生の三井さんの箱根の松の茶屋などへ連れていっていただきました。運転がお上手なんでございますよね、勇ましいと申しますか。いつでしたか、古川橋のところで、タイヤをお落としになりましたことがございまして、後から、親切な人が届けてくれたと仰せでございました。

私は年中、妃殿下の御運転あそばす自動車のお客になっておりましたが、三浦岬にドライブに連れて行って頂いたときに、畑がございますでしょ、そうすると大根や何かを引いて見たいわ、などと仰って車を降りて、其処のお百姓さんに大根をいただいて帰ったこともございました。

自動車との馴れそめは、日の丸自動車教習所が出来たばかりの時に、妃殿下のお誘いを受けて、日の丸に運転免許を取りに参りましたんですが、私は仮免許のときに、アクセルとブレーキを間違えまして、死ぬ思いをいたしました。おっちょこちょいなものですから。

妃殿下は、大丈夫よ、続けりゃ好いわよ、って仰っていただいたんですが、殺人事件を起しては大変でございますから、私は止します、妃殿下のお客になります。それで、妃殿下は合格あそばしまして、日の丸の第一番目の生徒におなりになりました。今も目黒の日の丸の前を通りますと、いつもそのことを想い出しております。

ですから日の丸には妃殿下の御写真が飾って御座いましたが、落第した私も並んで映っているんですが、中退ですから、きまりが悪いじゃございませんか。それも昔話でございます。

皇后陛下（香淳皇后）をお乗せして赤坂離宮のお庭をドライブ
（昭和３７年１０月）

子供たちと野球を楽しまれる（昭和３１年５月）

また殿下は運転がお上手でございましたから、どこへでもお一人で、ひょいとお出掛けになりましたね。私なども、御殿を下るときに、出かけるところだから、そこまで送って上げよう、まあ勿体ない、と御遠慮申しますと、何も勿体ないことなんかない、黙って乗ってれば好いんだ、って仰いまして。お言葉に甘えたこともございます。

そう言えば、いつの頃からか、皇族方の警備がものものしくなりまして、宮家の妃殿下がお出ましでも皇警が一緒に付きますけれども、三十年ほど前までは、あんなことはございませんでした。最近でございますよ、いささか過剰の気味合いがございますわね。

ですから、妃殿下がお元気な頃は、ちょっと銀座へ行こうよ、って仰いましてね、それでお供はなくて構わない、と、今では考えられませんけれども、よく銀座へ二人で出かけました。田屋がお好きで、殿下のネクタイや何かをお選びになりました。それから和光もお好きだったんでございましたが和光はすぐ幹部が御挨拶に出て見えます。そうしますと帰ろう、帰ろうって仰って挨拶だけお受けになって帰りました。妃殿下はそういうときには、お地味におつくりで、妃殿下らしくない服装でお出ましになるんですけれども、そういうお店は、又すぐに分かるんでございますね。でも妃殿下は、フリーという気分をお楽しみになりたいんでございますから。

ただ信号が赤も青もお分かりにならないで、赤いのが綺麗だわって平気で渡ろうとなさいますから、駄目、妃殿下、お危ないって申しましてね。

それから公園めぐりしましょうと仰って、新宿御苑とか六義園などに随分出かけました。有栖川公園に参りましたときに、ほんとうはここに御殿を建てるところだったんだけれども、方角だか何か障りがあるので、熾仁《たるひと》親王の銅像だけ建てたのよ、と仰っておりました。

これは晩年のことですが、浜離宮は私たち学習院の頃に毎年参りましたので、なつかしいわねえ、行こうよ、と仰いまして、入りますときにね、私はシルバーパスで通りましたら、妃殿下もそのまま御通りになろうとしましたら、御顔が分からない係の人がちょっと入園料を、と止めましてね、疑っておりますのよ、当り前でございますよね、私よりもお若く見えるんでございますもの。

それでも妃殿下はお諦めにならず、

「ほんとうに私はこの人とおない年なのよ、学校で同級ですもの」

と仰いましてね、ようやく係りの人も認めてくれて、お入りになりましたが、それが余程嬉しくておいでのようで、

「私、ただで入ったのよ、ただで入ったのよ」

と御殿に人が上がるたびに、そう仰いましてね、晩年もそういう無邪気なところもおありあそばしました。

それから、妃殿下は案外ゲテモノ食いでいらっしゃいまして、いつだかも、たぬき汁を食べに行こうと仰いまして、どなたにお聞きになったのか存じませんが、たしか上野でございましたか、お鍋でございましたが、私は狸と聞いただけで、箸が進みませんと、妃殿下はもっと食べろ、食べろって仰いましてね、お平気で召し上がりました。

お母様《たあ》が、あなたは将来、どこへ行っても、何でも食べるようにならなくてはいけないのだから、と好き嫌いにはたいへんお厳しかったそうでございます。

いくらお躾けでも、好き嫌いがおありになるのは当り前と存じますが、私などにはそっとお洩らしあそばしましたが、どこへいらしても、そしてどんなものでも、じつに美味しそうに召し上がっていらっしゃったのは、本当にさすがだと存じました。

召し上がりものだけではなく、何にしても、もの珍しいものがお好きでございました。ほうぼうの百貨店から御覧に入れるような高価なものは見飽きていらっしゃいますから、私が身につけておりますような安物に目をお留めになりまして、それ、どこで買ったのって仰いますので、

「これお安いのよ、妃殿下。」

「安いから好いのよ、それ見に行こうよ。」

何しろ、日本で一番くらい良いものをお持ちでいらっしゃいますから、お珍しいんでしょう。こんなもの安物ですからと申しましても、それでどうしても百貨店に行くと仰いまして、お出ましのときはお車で、伊勢丹の特選に御連れ申しますと、帰りには今度はどうしても地下鉄に乗りたいと仰いますので、伊勢丹の地下鉄に参りまして二人分の切符を買って参りますと、妃殿下が、

「見せてよ。」

「だめ、妃殿下、おっことしてお仕舞いになるから。」

などと、笑いましてね。それで改札を通りましたら、ちょうど電車が来るところだっ

箱根・芦ノ湖にて
（いずれも妃殿下の御供で）

那須高原のゴルフ場にて

中野の警察学校をご訪問され

たので、妃殿下が、

「藤子さん、私も走って乗るわよ。」

と二人で手をつないで階段を駆けて急いで乗り込みましたら、席が空いてなくて、中央に棒がございますでしょ、そこにつかまって銀座で降りまして、ジャーマンベーカリーへ入りましたら、そこで徳川義親さんに会いまして、

「いやだわあ、こんなことところで会っちゃって。」

なんて仰って、そんなことも今になればおなつかしくて。


**「藤子さんは堅過ぎる」**


それでも、叱られることもございました。

「藤子さんは堅過ぎる、融通性がない」とよく、妃殿下にそうお言われ致しました。

「そんなに堅いと誤解されることがあるよ」と叱られたこともございます。

幼い頃から物事を考え過ぎる方で、中年を過ぎて、高松宮妃癌研究基金の理事長などを仰せつかりましても、シンポジウムのような晴れがましい場所で、お歴々の前に出るのがいやでいやで、こう、下を向いておりますと、おとなりから妃殿下が、

「藤子さん、何にもあなた、そんな顔してないで、もっとにこやかになさいよ。」

といつも御注意をいただきました。

そんな私を少しでもお変えになろうと思し召したのでしょうか、あるとき、妃殿下の御仕舞所（お化粧室）に伺いましたら、

「ちょっとこれ着て見て…」

と紫紺のビーズの、じつに上等な御洋服を私におきせかけになりましてね。

「今度のシンポジウムの時に着てよ。」

と仰るのでございます。その頃、私はシンポジウムのときにはいつも和服でございましたので、華やかなドレスを着せて、引っ込み思案の私の気持をお引き立てあそばそうと思し召したのだと承りまして、あまりご遠慮するのは失礼と存じて頂戴しましたが、とても臣下の私が着ますようなお召し物ではないので、恐縮しながら着せて頂きまして

シンポジウムに出ますと、妃殿下がたいへんに嬉しそうなお顔をあそばして、「いいわよ」と仰っていただいたこともございました。

このように、私は堅いところが抜け切れません。

これには両親揃って鹿児島の、薩摩藩士の出であることも影響しているのかも知れません。年を取りました今では、足が弱くなりまして、杖をついておりますから、周囲からは車椅子を使うように勧められるのですが、私も見得を張るわけではございませんが、車椅子に乗るのが嫌いなのでございます。

今でも思い出しますことは、晩年に車椅子にお乗りの妃殿下が、ホテルオークラの地下一階の「山里」にお食事にお出ましのときには、いつでも四階までエレベーターで参りまして裏からお入りになりまして、四階のつきあたりのお部屋を専用にお使いでございましたが、御一緒致しましたときに、御自分の車椅子に、私に乗れと仰るのでございます。

おそらくは頑固な私に予行演習をさせてやろうという思し召しだったのでしょうが、

私は嫌でございますから、ちょっと押し問答を致しましたが、なんでも好いから、乗れ〳〵と仰いますので、ついにお借り致しますと、

「おとなしく乗ってるのよ、ずっとここから見ているからね。」

とお部屋のドアの前からエレベーターの方に、私が車椅子で進むのを、じっと見つめておいであそばしました。後で、「いいでしょう」と仰ったことを覚えております。

今でもホテルオークラのあの場所へ参りますと、それを思い出しますけれども、やはり私は駄目なんでございますね。妃殿下のようなお偉い方はよろしいけれども、私などは車椅子を誰かに押していただくと思うだけで、落ち着かないんでございます。他人《おひと》にお世話をお掛けする時間を思いますと、たちまち恐縮してしまいますので、それで車椅子も嫌なんでございましょうね。

それでもこの間、手術を致しまして、入院中は仕方がないので、大人しく車椅子に乗せられておりましたが、何だかしゅーんとして、しょげちゃいましてね。病気よりも、その方が悪いような気がいたしました。好きな方はお好きらしいんでございますが……。

それで皆さん、私のことを不思議だって仰いますのが、私、今までお昼寝というものをしたことがございませんの。

私だけではなく、母もお昼から横になっているのを見たことがないのでございます。やはり、そういうところが鹿児島流と申しますか、我が家はよそのお宅に比べて、厳しかったのかしら、と今になって感じております。

明治九年生れの母も、昔の人間にしては長命で、昭和四十年に九十歳で亡くなりました。晩年まで常磐会で和歌をいたしておりましたが、これは短歌と申しますのとは少し気分の異なる、昔の言葉で詠んでおりました。

母から言われましたことは、とにかく計算だけは、きちんとしなければならない、ということでございました。ですから、「なでしこ会」の経理をお預かりしてからは、悪い頭を捻りながら、先ずは間違いのないように勉めておりました。

私は四人の子供に恵まれました。三人が女の子で一番下に男の子が生まれました。上の二人は東京で大東亜戦争も始まり離乳食には苦労いたしました。下の二人は疎開先の

昭和１５年夏
母伊集院芳子と銀座を歩く

箱根・三井様のお邸にて

昭和５４年頃
両殿下の御供で洞爺湖
のゴルフ場にて
（平成２０年サミット開催予定地）

なでしこ会の皆さんと「小堀遠州展」記念大会に参列
（左ページ上も）

子供達のバレエ発表会に御成りいただいた両殿下と
左より次女泰子、長女美慧子、右端は三女多美子（昭和32年、第一生命ホール）

左より茶道遠州流宗家小堀宗慶様、妃殿下、岩崎

左より同級生の三井姿子、山口建先生、妃殿下、岩崎
（箱根富士屋ホテルにて）

栃木県の藤岡でございましたから、空気も良く、食料も豊富でとても楽でございました。私も折角はじめて田舎に参りましたので田植えもいたしましたし、野菜作りをしたりと、色々経験いたしまして学ぶことも沢山ございました。子供達は町立小学校に学び、高学年から東京に参りました。

妃殿下は子供達にも本当におやさしくあそばしていただきました。御殿にもお招きいただいたり、またホテルオークラ等に御供させていただくなど、勿体無いようにしていただきましたが、ことに泰子（次女）と多美子（三女）のバレエの発表会にわざわざ第一生命ホールまで両殿下で御成りいただきました折には恐縮いたしました。

また長男の伸道が学生時代から馬が好きで、馬術部として夏のアルバイトに参りました関係で、洞爺湖のメジロ牧場にも三十年近く行っておりますので、殿下が「伸の牧場にも行って見よう」との仰せで、両殿下お揃いで御成りいただいたこともございました。その時の御手植えの木が現在も立派に育っております。

このように子供達までこうした暖かい思召しをいただきましたことは、なんて有難いことだったかしらと、今になりましても両殿下へ感謝申し上げる気持ちで一杯でございます。

私もおかげさまで、今以てわりあいに健康でございますから、朝は七時すぎに起きまして、娘の泰子が作りますジャムやマーマレードをたっぷりトーストに塗りまして、紅茶の香りを楽しみながら、ゆっくりと朝食を楽しみます。

そうして週に三度は、世田谷の宅を出まして、高輪の高松宮妃癌研究基金の事務所へ参ります。あそこへもここへも行きたいんでございますけれども、時間があるようでございませんね。

中年過ぎて「なでしこ会」のお仕事で駆け回っておりましたから、今になると、趣味というものがございません。

娘時代から稽古しておりましたお長唄も、足が悪くなりましてからは、三味線を弾くことが出来ませんから、残念でございます。

その他には歌舞伎が好きでございまして、と申しましても、それしか分からないからかもしれませんけれども、今は菊五郎《ろくだいめ》のような役者は見られませんが、雀右衛門もなかなか深い芸でございますし、勘三郎も幅広い勉強家でそのうえに努力家でございますから、楽しみでございます。たまには歌舞伎座へも行きたいと思うこともございますが、劇場は段が多いので、つい億劫になります。

宵っ張りですから、夜は十二時頃まで起きております、寝るのが惜しく感じられますので、どうしても遅くなりがちですが、最近はパソコンを事務所の事務局長の竹田凱光さんに習って、日記をつけております。これは惚け防止、お洗濯だっていたしますのよ。

このパソコンもそうですが、次から次に新しい機械が出来まして世の中が便利になり、東京の町も、元はどういう眺めだったか見当がつかないほど大きく変わりましたが、私のように九十年余りも生きておりますと、大正時代や昭和のはじめと比べて、暮らしというものは変わったようで、とくに変ったという気は致しません。

いかに新種の機械が出来ましても、高層ビルが建ちましても、そうした道具は、昔から新奇なものが次々に出ては消えて行きましたから、驚きも致しませんが、何よりも変わりましたのは日本人の心でございます。

いつから日本人はこう変ってしまったのかと、じつに隔世の感がございますが、私たちの子供の頃は、と申しますと大正時代の、大むかしでございますが、先ず、ひとのために役に立つことをするように教えられました。ひいては世の中のため、ということでございましょうね。

これはきれいごとの、嘘だよと、今の若い方はお思いになるかも知れませんが、それはじつにあさはかなことでございまして、むかしの日本人の尊い知恵だということに、気づかなければならないと存じます。

自分が一歩引いて、ひとさまに道を譲れば、交通事故などはずいぶん減るわけでございますよね。

自分は後にして、おひとを先に通しさえすれば、世の中のたいていのことは、すんなりと運ぶものだと、母からいつも教えられておりましたが、今の日本人は何がなんでも自分を先にしたがりますから、ものごとが上手く運ばなくなっているのではないでしょうかしら。

それに今はテレビを見ましても、ニュースでも何でも、殺すという字を見ない日はございません。それに幼い子供たちの悲劇でございますね、ほんとうに嫌な世の中になりました。

それにテレビ局も、ひとつの事件をどの局でも、いっときは、しつこく致しますから、不愉快になってまいりますので、スポーツを観戦するほうが余程楽しゅうございます。

ですから、リーグがあるうちは野球を見て楽しんでおります。落合監督がベンチからクリクリ目で、ゲームを、こう読んでいるのを見ますと、なんとか勝たせて上げたいと思ってしまいます。でも本当はソフトバンクの王さんが好きでしてね、あちら人間性が素晴らしいでしょ、それから阪神に行きました星野さんも、選手の頃から贔屓だったんでございます。

## 世の中のお役に立つしあわせ

高松宮宣仁親王妃喜久子殿下には、平成十六年十二月十八日の早朝、御入院先の聖路加国際病院で薨去あそばされました。

その五年ほど前から、お疲れになるといけないという主治医の先生の御判断で、入退院を繰り返しあそばし、御殿へお帰りになると、一緒に食事をしようと御電話をいただきまして、まあまあお元気のように、私などはお見受け申しておりまして、どうしてあのように御入院あそばさないといけないのかしら、と思っておりました。丁度九十歳になりましたときに、これまで御一緒に活動してきた「なでしこ会」の岩倉良子さんが亡くなりまして、妃殿下が私の手をお取りになって、藤子さん、とうとう二人きりになってしまったわねえ、でもこれからもずっと死ぬまで頑張ろうね、としみじみ仰いましたことが忘れられられません。

ですから、薨去あそばしたときには、私は言葉もなく唖然といたしまして、涙も出ませんでした。

ただただ、どうして私ひとりを置いてお仕舞いになったのかしらと、憤懣やるかたない思いばかりでございまして、あのとき、死ぬまで頑張ろうねと仰いましたのに、妃殿下、一寸おずるいわ!、とお恨み申し上げたものでございます。

毎月十八日のご命日には必ず御墓所にうかがいまして、拝礼させていただいておりますが、寂しさと虚しさで胸の詰まる思いでございますけれども、私が命をいただいている以上は、妃殿下の御遺志を大切に、少しでも世の中のお役に立つことが出来ますように、努めて参りたいと願うのでございます。

妃殿下の御事業の中でも、とくに大きな高松宮妃癌研究基金につきましては、幸いにして平成十三年、妃殿下の思し召しにより、癌に対してたいへん深い御理解と知識をお持ちの、寛仁親王殿下が総裁に御就任あそばされましたことは誠に有難く喜ばしいことでございます。今後は殿下を御推戴申し上げ、妃殿下の御念願でございました癌撲滅の目的に向いまして、皆様のお力添えを賜りながら、命の続く限り、努めて参りますが、そこで皆様に御報告申したいことは、元高松宮邸の隣接地に、クラッシィハウスというマンションが建築されるという話を、元高松宮家宮務官の佐藤進さんから伺いましたので、その一室を妃殿下の御生前の思し召しもあり、財団の事務所にしてはと考えまして、寛仁親王殿下に申し上げましたところ、そりゃあ良いことよ、との仰せを賜り、理事長、常務理事にも話を進めるようにとのことで、とんとん拍子に進みまして実現し、事務所の一角には光輪閣以来のシャンデリアや時計、御愛玩の置物などをお移しして、妃殿下

第9回日本産業人チャリティー
ゴルフ大会主催の日刊工業新聞
社長よりご寄付をいただく

学術賞等贈呈式レセプションにて
共に評議員をお務めいただいている
小柴昌俊先生と吉田美枝子様

学術賞等贈呈式にて、
長女美慧子、次女泰子と

のお居間を再現したメモリアルコーナーを設置することが出来たのでございます。
本当にこの上ない幸せなことでございます。

## 有難い人生

小学校入学の折、妃殿下が「お遊びしましょう」と私の手をお取りいただきましてより、九十年余りもの長い間ずっと妃殿下とご一緒に過ごさせていただき、いろいろとお教えをいただきましたことは言い尽くせぬ幸せなことでございました。

妃殿下を徳川さんとお呼びしておりました女子学習院のころは、ほんとうにお姫様でございましたのに、高松宮家にお上がりになりましてからは、すぐに戦争がはじまりましたこともございましたが　さまざまな御苦労をされたそうでございます。たいへんに御立派な妃殿下に御成長あそばしましたことを、おそばでお見上げることの出来た私は、まことに幸せでございます。

それには、高松宮宣仁親王殿下と御母上様がお偉かったのは申すまでもございませんが、貞明皇后様のお慈しみとお導きがあったればこそと存じます。

今の方々には遠いお話と存じますが、この貞明皇后様は、昭憲皇太后様の御遺志をお引継ぎあそばして、恵まれない弱い立場の者たちに対して、つねに深い御慈愛をお持ち続けになり、また女学の振興にも非常に御熱心でいらっしゃったと伺っております。

高松宮宣仁親王妃喜久子殿下も、この御教えを深く受け止められまして、貞明皇后様にもよくお仕えになり、薨去あそばした後も、大宮様付きの女官さんたちの行く末のお気遣いなど、じつに行き届いた御配慮をあそばすお姿を、感銘しながらお見上げ申しておりました。

貞明皇后様の良きお導きは、妃殿下を愈々磨きあそばしまして、高松宮妃癌研究基金、恩賜財団済生会、藤楓協会、日仏協会、日仏会館、東京慈恵会などの総裁や日本赤十字社の名誉副総裁にお就きあそばし、世の為になることを常にお心に掛けられて、その御生涯を貫かれました。

子供の頃から、ぼんやりしておりました私に、御自分の御一生をお掛けになりました癌撲滅運動のお仕事の一端をお与えくださり、世の中のために身を挺して働くことの喜びと幸せを教えて下さいましたのは高松宮妃殿下でございます。

実は、御薨去あそばしてから、妃殿下をお慕い申し上げる方たちが、「偲ぶ会」と称して、時折思い出話などをいたしております。

また、平成十五年の春には、文部科学省の御推挙により勲四等瑞宝章を賜りました。この思いも掛けない受章に畏れ入りながら、これは高松宮妃癌研究基金財団そのものに対する御褒美だと存じまして、晴れがましい栄誉に対して妃殿下をはじめ、癌撲滅の運動に御支援くださいました多くの皆様に心より感謝申し上げた次第でございます。

この受章の前年に常務理事のお仕事を引かせていただき、ようやく肩の荷をおろさせていただきましたところ、妃殿下および末舛恵一先生からいつまでも手伝うように仰せつかりまして、それ以降も引き続いて宮家との関係や機関誌キャンサーの編集、御寄付のことなどをお手伝いさせて頂いておりまして、この上は命のある限り、妃殿下はじめ皆様の御恩に少しでもお報い致したいと存じております。

豊かな人生というものを、心ゆくまで味わう幸せを賜りました自分の人生を振り返りますと、今は夢を見るような気が致しまして、妃殿下の輝くようなお顔がなつかしく浮かんで参ります。

京王百草園にて両殿下とともに

# あとがき

この度は、高松宮宣仁親王妃喜久子殿下との思い出を綴りました拙い本書の発行に当りまして、寛仁親王殿下より懇切なおことばを賜り、誠に畏れ多いことと心から深く御礼申し上げます。

平成十六年十二月十八日、妃殿下が薨去あそばされた後、妃殿下をお偲び申し上げて折々に「偲ぶ会」を致しておりますが、そのお一人である後藤貞子様から、妃殿下の御遺徳を少しでも世の中にお伝えするために何か書き物をお残しになったらとのお勧めがあり、雄山閣の岩下尚史様を御紹介くださいましたことが、本書発行のきっかけでございます。この企画につきまして、妃殿下の甥宮様に当たられ、高松宮妃癌研究基金の総裁であられます寛仁親王殿下に御相談申し上げましたところ、発刊の趣旨に即座にご賛同いただき、また版元の雄山閣様を御存知のこともございまして、快く御許しいただきました次第でございます。

本書発行のきっかけを与えていただきました後藤貞子様、お纏めくださいました岩下尚史様並びに雄山閣社長宮田哲男様には、一方ならぬ御世話になりました。心より厚く御礼を申し上げます。

九十余年の過ぎ越し方を振り返りますと、公私共にお世話になりました大切な方々が大勢いらっしゃいますが、紙数の制約もあり、それらすべての皆様に触れることができませんでした。また記憶違いの点もあるかと存じますが、併せてお許しいただきます様、お願い申し上げます。

今年四月には、高松宮妃癌研究基金は創立四十年周年を迎えます。この節目の年に当たりまして、誠に思い掛けなく、お懐かしい妃殿下との思い出を綴りました本書を出させていただくことになりましたことは、望外の喜びであり、これも妃殿下の天界からのお導きによるものと感謝申し上げる次第でございます。

なお、癌撲滅を生涯のお仕事とあそばされた妃殿下の尊いご意思に万分一でも添えますよう、本書の印税のすべてを高松宮妃癌研究基金に寄付をさせていただきたいと存じております。

平成二十年一月

岩崎藤子

**財団法人「高松宮妃癌研究基金」のご案内**
東京都港区高輪一丁目十四—十五—一〇二（〒一〇八—〇〇七四）
電話 〇三（三四四一）〇一一一 ＦＡＸ 〇三（三四四一）〇一一二
ホームページ http://www.ptcrf.or.jp/ Ｅメール info@ptcrf.or.jp

平成２０年４月２０日　初版発行
平成２０年５月３１日　重版発行
平成２０年８月２０日　３刷発行　　《検印省略》

九《きゅう》十《じゅう》六《ろく》年《ねん》なんて、あっと言《い》う間《ま》でございます
―高松宮《たかまつのみや》宣仁親王《のぶひとしんのう》妃《ひ》喜久子《きくこ》殿下《でんか》との思《おも》い出《で》―

著　者　岩崎藤子（いわさき　ふじこ）
編　者　岩下尚史（いわした　ひさふみ）
発行者　宮田哲男
発行所　株式会社　雄山閣
〒102-0071　東京都千代田区富士見２－６－９
ＴＥＬ　03-3262-3231（代）／ＦＡＸ　03-3262-6938
ＵＲＬ　http://www.yuzankaku.co.jp
e-mail info@yuzankaku.co.jp
振替　00130-5-1685
印　刷　萩原印刷
製　本　協栄製本


ISBN978-4-639-02023-3　C0095